Gerd Busse

Typisch niederländisch

Die Niederlande von A bis Z

agenda

Gerd Busse

Typisch niederländisch

Die Niederlande von A bis Z

unter Mitarbeit von Anja Schulz

agenda Verlag
Münster
2012

Bibliografische Informationen der Deutschen Nationalbibliothek

Die Deutsche Nationalbibliothek verzeichnet diese Publikation in der Deutschen Nationalbibliografie; detaillierte bibliografische Daten sind im Internet über http://dnb.d-nb.de abrufbar.

Drubbel 4, D-48143 Münster
Tel.: +49(0)251-799610, Fax: +49(0)251-799519
www.agenda.de, info@agenda.de

Layout und Satz: Susann Christ und Angelina Schmidt

Druck & Bindung: TOTEM, Inowroclaw, Polen

ISBN 978-3-89688-470-1

Für Hanna

Inhalt

Vorwort

Wenn wir an die Niederlande denken, denken wir an Tulpen, Windmühlen und Holzschuhe. Und natürlich an Königin Beatrix und das Haus Oranien – oder *Oranje*, wie die Niederländer sagen. Aber wie typisch niederländisch ist das eigentlich? Die Tulpenzwiebel ist erst im 16. Jahrhundert von der Türkei aus in die Niederlande gelangt und löste dort kurz nach ihrem Auftauchen einen wahren „Tulpenrausch" aus. Die Windmühlen sind, ebenso wie die Holzschuhe, die *klompen*, eine französische Erfindung, die erst mühsam ihren Weg in die Niederlande finden musste. Zu allem Überfluss ist auch das Königshaus, irgendwie, mehr deutsch als niederländisch. Willem von Oranien, der erste „Statthalter" der niederländischen „Republik der Sieben Vereinigten Provinzen", wurde im hessischen Dillenburg geboren, als Spross des Geschlechts derer von Nassau.

Typisch niederländisch ist also das, was wir als typisch niederländisch wahrnehmen. Und dazu gehören nun mal die Windmühlen und die Königin ebenso wie die Grachten und Kanäle – übrigens ein echter Exportschlager, wie die Grachten in Berlin und Potsdam noch heute beweisen. Aber auch die Vorliebe vieler Niederländer für die indonesische Küche wäre hier zu nennen – ein Erbe der jahrhundertelangen Kolonialherrschaft der Niederlande über Niederländisch-Indien, wie Indonesien damals hieß. Ebenso gehört dazu die „typische" calvinistische Mentalität der Niederländer – obwohl die Katholiken die zahlenmäßig größte konfessionelle Gruppe stellen, übertroffen nur noch von der Gruppe derer, die sich keiner Konfession zugehörig fühlen.

Doch was ist nun typisch niederländisch? Dieser Frage ging 1998 eine Ausstellung in Eindhoven nach. Typisch niederländisch ist demnach, so Ausstellungsmacher Henk Venema, „der Geburtstagskalender auf der Toilette, roher Hering, ein Tässchen Kaffee zu jeder vollen Stunde und Understatement um jeden Preis. Typisch niederländisch ist auch, dass der Chef geduzt wird und der Schinken vom Metzger so dünn geschnitten wird, dass der Käufer hindurchsehen kann. In Holland werden einmal getroffene Entscheidungen in stundenlangen Konferenzen oft wieder in Frage gestellt, und der amtierende Regierungschef radelt mit dem Fahrrad zur Arbeit. Typisch niederländisch ist aber auch der *flessentrekker*, ein von Holländern erfundenes Spezialgerät mit dem man den letzten Tropfen aus der Joghurtflasche herausholen kann. Denn was bezahlt ist, wird auch gegessen" (Hetzel 1998).

Im Folgenden soll es um dieses „Typische" oder vermeintlich Typische an den Niederlanden, den Niederländern und der niederländischen Sprache und Kultur gehen. Es kommen dabei Aspekte wie das Arbeiten und Wohnen in den Niederlanden, die Tücken, die die niederländische Sprache und Mentalität bereithält und die sozialen Gewohnheiten und Rituale unserer Nachbarn zur Sprache, aber auch Themen wie die deutsche Besatzung der Niederlande, das Versagen niederländischer Blauhelmsoldaten im bosnischen Srebrenica 1995 und die derzeitigen politischen Umbrüche, die mit den Namen der Rechtspopulisten Pim Fortuyn und Geert Wilders verbunden sind.

Aufgebaut ist das Ganze wie eine Enzyklopädie, das heißt von A bis Z: von „Amsterdam", „Frau Antje" und dem „Arbeitsmarkt" über die „Kolonialgeschichte", die „Niederländische Küche" und die Themen „Reformitis" und „Religion" bis hin zum „Wetter", den „Windmühlen" und der „Zusammenarbeit". Da zwar nicht alles mit allem, aber doch vieles mit vielem anderen zusammenhängt, finden sich in den meisten Einzelbeiträgen Querverweise zu anderen Beiträgen, in denen der genannte Begriff vertieft zur Sprache kommt. Auf diese Weise kann man sich die Niederlande wie ein Buch von A bis Z erschließen oder sich einzelne Themen herauspicken, zu denen man gezielt etwas wissen möchte. Man kann sich aber auch bequem von Querverweis zu Querverweis hangeln, dabei links und rechts um sich lesen, um das eine oder andere *weetje*, die wissenswerte Kleinigkeit über die Niederlande, aufzuschnappen. Beispielsweise, dass Niederländer es lieben, alles zu verkleinern, nicht nur in ihrer Sprache, sondern auch in Form eines Ausstellungsparks, in dem sie ihr Heimatland in Miniaturform nachgebaut haben. Oder dass in niederländischen Coffeeshops das Rauchverbot nicht gilt, weil man dort ja kein Nikotin sondern Marihuana raucht – aber auch, dass das Rauchverbot in vielen Kneipen des Landes nicht umgesetzt wird, weil es *gedoogd* ist. Und was das nun wiederum ist, erfährt man im Beitrag *Gedoogbeleid.*

Typisch Niederländisch. Die Niederlande von A bis Z ist im Rahmen des vom Jobstarter-Programm des Bundesministeriums für Bildung und Forschung geförderten Berufsbildungsprojekts „Transnationale Berufsausbildung im deutsch-niederländischen Grenzgebiet" (TraBbi) entstanden und soll die Vorbereitung junger deutscher Auszubildenden auf einen berufsbezogenen Auslandsaufenthalt in den Niederlanden unterstützen. Projektträger von TraBbi ist die Firma Bünting in Leer, die die Arbeiten an diesem Buch nach Kräften unterstützt hat. Mein Dank gilt hier vor allem der Projektkoordinatorin Meike Richter und dem Ausbildungsleiter der Firma Bünting, Thorsten Tooren. Dank schulde ich jedoch auch den am Projekt beteiligten Lehrern, hier insbesondere Gert van Ginkel, Kurt Grönemeyer, Uwe Karstan, Jörn Menne und Claudia Wiese sowie der wissenschaftlichen Begleitung des Projekts Dietmar Frommberger, Professor für Berufspädagogik an der Otto-von-Guericke-Universität Magdeburg.

Ohne die Hilfe und Unterstützung einer Vielzahl von Menschen, die mir bei der Recherche von Fakten, bei der Beschaffung von Literatur und Bildmaterial sowie bei der Redaktion der Texte beigestanden haben, würde es das Buch in der jetzigen Form nicht geben. Dabei bin ich insbesondere meiner Kollegin Anja Schulz zu tiefem Dank verpflichtet, die mir nicht nur bei der Ideensammlung, der Recherche und der Redaktion geholfen hat, sondern die auch einen eigenen Beitrag über ihr Spezialgebiet, die berufliche Bildung, geschrieben hat. Ferner möchte ich mich herzlich bei Hanna Busse, Ludger Busse, Sophie Elpers, Detlev van Heest, Han Israëls, Gisela und Marte Linthout, Kees Meijer und Ries Roowaan für die Beantwortung von Fragen, Tipps oder die kritische Lektüre der Texte bedanken.

Amsterdam

Amsterdam ist immer eine Reise wert! Die Hauptstadt der Niederlande – Den Haag ist lediglich Regierungssitz – ist, verglichen mit anderen europäischen Städten, noch relativ jung und mit einer Einwohnerzahl von knapp 800.000 auch verhältnismäßig klein. Im 13. Jahrhundert nach einem Damm im Fluss Amstel benannt und direkt am offenen Meer gelegen, wurde die Stadt im Laufe der Jahrhunderte immer wieder von Überflutungen, Feuersbrünsten und der Pest heimgesucht. Für die Überwindung dieser drei Übel sollen (angeblich) auch die drei Kreuze im Stadtwappen stehen. Der Journalist Geert Mak gibt in seinem lesenswerten Buch *Amsterdam. Biographie einer Stadt* einen erschütternden Einblick in das Leben der ersten Bewohner, einfacher Fischer, die es sich mitten in einem ausgedehnten Sumpfgebiet gemütlich gemacht hatten und versuchten, mit bescheidensten Mitteln über die Runden zu kommen.

Aufgrund der vorteilhaften Lage am Meer begann Amsterdam zu wachsen und entwickelte sich relativ schnell zu einer wichtigen Hafenstadt. Wegen des morastigen Bodens war man gezwungen, über das Anlegen von Grachten zunächst den Boden zu entwässern und anschließend die Fundamente der Häuser auf Pfähle zu setzen, damit sie nicht versinken. Dies erklärt auch die enge und vor allem hohe Bebauung der Stadt, denn in Amsterdam Baugrund zu erschließen, war teuer. Und daran hat sich bis heute nur wenig geändert.

Im 17. Jahrhundert, insbesondere nach dem Westfälischen Frieden 1648, der den Dreißigjährigen Krieg in Europa beendete, erlebte Amsterdam sein „Goldenes Zeitalter", das *Gouden Eeuw* **(→ Republik der Sieben Vereinigten Niederlande)**. Der Handel kam in Schwung und bescherte Amsterdam einen gigantischen Wirtschaftsboom, der die Stadt zu einer internationalen Handelsmetropole machte. Eng mit dieser Ära verbunden sind der Bau der Amsterdamer Börse (1611) und die Gründung der VOC, der Niederländischen Ostindien-Kompanie, im Jahre 1602 **(→ VOC und WIC)**. Die VOC, die den Gewürzhandel mit Indien kontrollierte, war der erste multinationale Konzern der Weltgeschichte.

Mit dem Wirtschaftsaufschwung wuchs auch die Bevölkerung der Stadt. Der Hunger nach Arbeit zog zahlreiche Menschen aus dem Umland nach Amsterdam. Darunter waren viele Deutsche, die sich im Schiffsbau oder als Matrosen und Handwerker bei der VOC verdingten oder die als Hausmädchen in den Haushalten des betuchten Bürgertums arbeiteten. Dies war auch die Zeit, in der der berühmte „Grachtengürtel" – bestehend aus der Prinsen-, Keizers- und Herengracht sowie dem Singel

– entstand. Ein Schmuckstück, das bis heute zu den Hauptattraktionen der Stadt zählt und Millionen von Touristen anlockt.

Ursprünglich waren die Grachten allerdings eher ein notwendiges Übel als ein städtebauliches Juwel. Selbst die planvolle Erweiterung des Grachtengürtels habe viele Probleme nicht lösen können, meint Jaap Evert Abrahamse, Autor eines Buchs über die Stadtentwicklung Amsterdams im 17. Jahrhundert. „Man hat alles Mögliche versucht, doch das wirkungsvolle Durchspülen der Grachten wurde erst durch die Einführung des dampfgetriebenen Wasserschöpfwerks im 19. Jahrhundert möglich. Davor waren die Grachten furchtbar dreckig. *Eine schöne Jungfrau mit stinkendem Atem* – so wurde Amsterdam im 17. Jahrhundert genannt." (zit. nach: Hulsman 2011).

Doch auch wenn es dort zum Himmel stank: Amsterdam atmete in jenen Tagen den Geist der Freiheit und Toleranz. Es herrschten Religions- und Pressefreiheit – was die Stadt nicht nur zur Heimat von Dissidenten und Sektierern jeglicher Couleur machte, sondern auch Geistesgrößen wie etwa René Descartes anzog, der eine Zeitlang in Amsterdam lebte und publizierte. Philosophenkollegen wie John Locke, Thomas Hobbes und Jean-Jacques Rousseau veröffentlichten dort ebenfalls einige ihrer Werke. Einer der in Amsterdam beheimateten Verlage war der eines gewissen F.A. Brockhaus, der dort auch mit dem Projekt einer Enzyklopädie startete, dem uns allen bekannten *Brockhaus*.

Den Ruf der Toleranz hat Amsterdam sich über die Jahrhunderte hinweg bis heute bewahrt. In den 1960er Jahren tummelten sich Hippies im zentralen Vondelpark, danach entwickelte sich die Stadt zu einem Anziehungspunkt für Homosexuelle aus aller Welt. Seit den 1970er Jahren wird Amsterdam auch gern von (zumeist jungen) Touristen wegen der flächendeckenden Versorgung mit *Coffeeshops* besucht, in denen man, außer Kaffee, vor allem Cannabisprodukte kaufen kann.

Wer sich ein wenig auf seinen Amsterdam-Besuch vorbereiten und nebenbei noch gut unterhalten werden möchte, dem seien, neben der Amsterdam-„Biographie" von Geert Mak, der „literarische Kneipenführer" von Olaf Irlenkäuser (→ **Horeca**) und der Roman *Anwalt der Hähne* von A.F.Th. van der Heijden empfohlen.

Frau Antje

„Frau Antje bringt Käse aus Holland". Niemand hat das Bild der Niederlande bei uns wohl nachhaltiger geprägt als „Frau Antje", das sympathische, blondbezopfte „Kaasmeisje", das uns, in einem der Volendamer Tracht nachempfundenen Phantasiekostüm mit Flügelhaube und *klompen* (Holzschuhen), den „echten Käse aus Holland" schmackhaft macht. 90 Prozent aller Deutschen kennen und lieben die „Käse-Botschafterin" unseres Nachbarlandes, die mehr und mehr zum Symbol für *die* Niederlande wurde. So fand sich 1994 im *Spiegel* eine Titelgeschichte von Erich Wiedemann über „Frau Antje in den Wechseljahren", in der es um den angeblichen Niedergang des kleinen Königreichs ging. Das Titelbild zeigt Frau Antje mit einem Joint im Mund und einer überdimensionalen Heineken-Bierdose beziehungsweise -Abfalltonne in den Händen vor einer vergifteten Landschaft mit Windmühle.

Spiegel-Titelbild vom 28. Febr. 1994

Auch Bücher über die Niederlande scheinen besondere Aufmerksamkeit zu erregen, wenn sie den Namen des Käsemädchens im Titel tragen – siehe Dik Linthouts *Frau Antje und Herr Mustermann. Niederlande für Deutsche*, das sich, inzwischen in der sechsten Auflage, wie geschnitten Brot, Pardon: Käse, verkauft. Hier bewahrheitet sich also einmal wieder der Wahlspruch aus dem berühmten Roman *Kaas* von Willem Elsschot: „Käse geht immer".

Dabei ist Frau Antje natürlich genauso wenig typisch für die Niederlande wie der nette, uneigennützige Versicherungsvertreter Herr Kaiser von der Hamburg-Mannheimer typisch für Deutschland, oder zumindest für die deutsche Versicherungsbranche, ist. Mehr noch, den meisten Niederländern ist Frau Antje ebenso wenig ein Begriff wie das, wofür sie steht, nämlich den „Pikantje von Frau Antje".

Aber wer ist Frau Antje? Die Bonner Volkskundlerin Sophie Elpers hat ihr intensiver nachgespürt und sogar ein Buch über sie geschrieben. Als Erstes stolperte sie über den Namen: „Antje klingt in unseren Ohren typisch holländisch, ist aber in den Niederlanden gar nicht so weit verbreitet", erklärt sie. Doch auch der Rest ist Fake, eine Erfindung des Niederländischen Büros für Molkereiprodukte in Aachen, genauer gesagt, ihres Direktors Hans Willemse.

Begonnen hatte es schon früher, in den 1950er Jahren, mit einem Logo, das eine Frau in traditionell wirkender, blau-roter Kleidung und weißer Haube zeigt – die Marke „Frau Antje" war geboren. Leben wurde ihr jedoch erst 1961 von Hans Willemse eingehaucht, als sie deutschen Fernsehzuschauern mit charmantem niederländischem Akzent erklärte, wie man einen Käsetoast Hawaii zubereitet. Und 1969 komponierte der bekannte Jazzmusiker Klaus Doldinger einen Jingle dazu: „Frau Antje bringt Käse aus Holland", den die etwas reiferen Leser sicher noch in den Ohren haben werden.

Die Sache wurde ein durchschlagender Erfolg. In den 30 Jahren, in denen Willemse für das niederländische Molkereibüro tätig war, verdreifachte sich der Käseexport aus den Niederlanden nach Deutschland. Heute liegt er bei fast 900 Millionen Euro im Jahr.

Frau Antje repräsentiert für uns Deutsche jedoch nicht nur den „Pikantje"-Käse, sondern auch Werte wie Anstand, Tradition und – vor allem – Unschuld. So war der Skandal groß, als sich Frau Antje, beziehungsweise ihre Darstellerin Ellen Soeters, 1984 nackt für den *Playboy* auszog. „Wir bringen das Beste von Frau Antje", versprach das Magazin – und wünschte süffisant einen „Guten Appetit allerseits".

Doch wer, wenn nicht wir Deutschen, würde für solche Eskapaden kein Verständnis aufbringen. Schließlich mussten wir es ja auch hinnehmen, dass sich unser Herr Kaiser lieber ausschweifenden Sexvergnügungen in Budapest hingibt, als durch bundesdeutsche Straßen zu streifen, um sich der versicherungstechnischen Sorgen und Nöte der deutschen Hausfrau anzunehmen.

Arbeitsmarkt

Der niederländische Arbeitsmarkt zeichnet sich seit den 1980er Jahren durch eine hohe Flexibilität aus. Verschiedene Beschäftigungsmodelle stehen gleichberechtigt nebeneinander: Zeitarbeit, Telearbeit, Vollzeit- und Teilzeitarbeit. So ist es in den Niederlanden nicht ungewöhnlich, mit Kollegen zusammenzuarbeiten, die über eine Zeitarbeitsfirma – eine sogenannte *uitzendorganisatie* – in das Unternehmen gekommen sind und dort nun eine Teilzeitstelle von 16, 24 oder 32 Stunden bekleiden, die sie zum Teil vor Ort und zum Teil an ihrem Telearbeitsplatz zu Hause ausfüllen.

Die Flexibilisierung des Arbeitsmarktes war einer der entscheidenden Faktoren in der Überwindung der schweren Wirtschaftskrise Anfang der 1980er Jahre, die Mitte bis Ende der 90er Jahre in einen ungekannten Beschäftigungsboom überging. Der zweite Erfolgsfaktor war die Lohnzurückhaltung, auf die sich Gewerkschaften und Arbeitgeber 1982 im sogenannten „Abkommen von Wassenaar" einigten – die Geburtsstunde des viel gerühmten niederländischen **(→) „Poldermodells"**.

Wer als Deutscher in den Niederlanden nach einer Arbeit oder einem Praktikumsplatz sucht, dem stehen eine Vielzahl von Möglichkeiten offen, angefangen von der ZAV, der Zentralen Auslands- und Fachvermittlung der Bundesagentur für Arbeit, über Jobbörsen im Internet,[1] der digitalen Stellendatenbank der niederländischen Arbeitsverwaltung (*UWV WERKbedrijf*), die unter der Adresse *www.werk.nl* auch Arbeitssuchenden aus Deutschland offen steht, bis hin zu niederländischen *uitzendbureaus*, also Zeitarbeitsfirmen.[2] Natürlich kann man auch, wie bei uns, die Samstagsausgaben der großen niederländischen Tageszeitungen – hier vor allem *de Volkskrant* und das *NRC Han-*

1 Eine ganze Reihe solcher Stellenbörsen findet sich unter *www.grenzpendler.nrw.de*, einer Seite des Arbeitsministeriums in Nordrhein-Westfalen, die daneben noch viele nützliche Informationen zur Arbeitssuche und zum Arbeiten in den Niederlanden bereithält. Auch ein Blick auf die Seite der Deutsch-Niederländischen Handelskammer (*www.dnhk.org*) lohnt sich. Für die Suche nach Praktikumsstellen in den Niederlanden empfiehlt sich die Praktikumsdatenbank *www.euregio.org/stage*.

2 Eine große Auswahl solcher *uitzendbureaus* (nach Regionen) findet sich unter *http://uitzendbureau.pagina.nl*; sucht man eher branchengerichtet, bietet sich die Übersicht unter *http://uitzendbureaus.startkabel.nl* an.

delsblad – mit dem überregionalen Stellenmarkt studieren. Für Hochschulabsolventen empfiehlt sich die ebenfalls samstags erscheinende Wochenzeitung *Intermediair*.

Eine weitere Möglichkeit, an eine Stelle oder einen Praktikumsplatz zu kommen, sind Initiativbewerbungen. In den Niederlanden ist es durchaus üblich, sich auf eigene Initiative bei Unternehmen zu bewerben. Die Unternehmen lassen sich dabei gezielt über den *Gouden Gids*, das niederländische Branchenverzeichnis, suchen. Ein besonderes Augenmerk sollte man dabei auf deutsche Unternehmen richten, die sich in den Niederlanden engagieren. Eine Liste solcher Unternehmen erhält man über die Deutsch-Niederländische Handelskammer.

Ein Problem, nicht nur für Arbeitssuchende, die die Sprache noch nicht beherrschen, sind allerdings die Berufsbezeichnungen und Tätigkeitsbeschreibungen, die nicht immer eine Entsprechung im Deutschen haben und oft viel Raum für Phantasie lassen. Denn wer würde beispielsweise auf die Idee kommen, dass ein *dierenhouder* (wörtlich: Tierhalter) ein „Tierwirt" ist oder ein *uitvoerder B & U* (Mittlere Führungskraft beim Bau von Wohnungen und gewerblichen Bauten) den Beruf „Polier" bezeichnet? Wo genau liegt der Unterschied zwischen einem *onderzoeker* (Forscher) und einem *wetenschappelijk medewerker* (Wissenschaftlicher Mitarbeiter), und was um alles in der Welt ist bloß ein *beleidsmedewerker*, also wörtlich übersetzt ein „politischer Mitarbeiter" in einer Behörde oder Organisation?

Grundsätzlich ist es in den Niederlanden nicht zwangsläufig notwendig, die Sprache zu beherrschen, um sich auf eine Stelle zu bewerben **(→ Bewerbung auf niederländisch)**. Viele Niederländer sprechen Englisch und – insbesondere im Grenzgebiet – Deutsch, so dass es für Bewerber um eine Stelle nicht unbedingt ein Ausschlusskriterium sein muss, wenn man kein Niederländisch beherrscht. Dennoch wird erwartet, dass sich der Mitarbeiter aus dem Nachbarland die Landessprache so schnell wie möglich zu eigen macht.

Deutsche unterliegen als EU-Bürger keinerlei Beschränkungen beim Zugang zum niederländischen Arbeitsmarkt, erhalten also automatisch eine Arbeitserlaubnis. Verlegt man auch seinen Wohnsitz in die Niederlande, muss man sich innerhalb einer Woche bei der *vreemdelingenpolitie*, also der Ausländerpolizei, melden und sich im Melderegister (*bevolkingsregister*) seines Wohnortes eintragen lassen. Um in den Niederlanden arbeiten zu können, braucht man eine sogenannte „SOFI-Nummer", eine Kombination aus Sozialversicherungs- und Steuernummer, die der Arbeitgeber beim zuständigen *belastingdienst*, dem Finanzamt, beantragt – dann kann es auch schon losgehen.

Alle Einwohner der Niederlande, also auch ausländische Arbeitnehmer, sind über eine der großen Volksversicherungen pflichtversichert, die die Risiken bei Krankheit, Arbeitslosigkeit und -unfähigkeit beziehungsweise im Alter abdecken. Die Beiträge werden, wie in Deutschland, vom Arbeitgeber direkt vom Bruttolohn abgezogen. Bezüglich der Altersvorsorge gilt das „Cappuccino-Modell", bei dem die gesetzliche Rentenversicherung durch eine betriebliche Rentenversicherung aufgestockt und mit der Schaumkrone einer privaten Altersvorsorge abgerundet wird. Generell decken die sozialen Sicherungssysteme in den Niederlanden nur das Minimum ab, so dass eine zusätzliche private Vorsorge unbedingt notwendig ist **(→ Arbeits- und Betriebskultur)**.

Arbeits- und Betriebskultur

Bei der oft behaupteten **(→) Lockerheit** *der* Niederländer und der Steifheit *der* Deutschen handelt es sich natürlich um Stereotype: Es gibt haufenweise steife Niederländer und lockere Deutsche, so wie es auch Organisationen und Betriebe in Deutschland gibt, wo man sich vom ersten Tag an duzt, beziehungsweise umgekehrt niederländische Unternehmen, wo gesiezt wird. Dennoch lässt sich sagen, dass es, allgemein betrachtet, an einem niederländischen Arbeitsplatz informeller und ungezwungener zugeht als an einem deutschen.

Dies gilt auch für das Verhältnis zwischen Vorgesetztem und Untergebenem. In Deutschland ist der Vorgesetzte der Chef – von dem seine Mitarbeiter übrigens auch ein bisschen erwarten, dass er auftritt wie ein Chef. Er ist eine Art Familienoberhaupt für sein Personal, streng aber gerecht, dem man als oberstem Fachmann die Entscheidungsgewalt über das Wohl und Wehe des Betriebs überträgt und der seine hervorgehobene Stellung auch nach außen deutlich zu machen hat: etwa durch einen großen Dienstwagen oder ein etwas luxuriöser eingerichtetes Büro.

In den Niederlanden ist der Vorgesetzte dagegen eher Primus inter pares, oder, wie es eine niederländische Unternehmensberaterin einmal ausdrückte: „*Een baas ist een collega met andere verantwoordelijkheden*" – ein Chef ist ein Kollege mit anderen Verantwortlichkeiten. Und in aller Regel benimmt sich dieser „Kollege" auch so: als Erster unter Gleichen.

Vorgesetzte in Deutschland, also Abteilungsleiter oder Geschäftsführer, haben vielfach einen technisch-fachlichen Hintergrund, während ein Chef in einem niederländischen Betrieb eher eine Managementausbildung durchlaufen hat und die Entscheidung über fachliche Dinge den Experten in seinem Betrieb überlässt. Ein niederländischer Chef ist also eher jemand mit Organisationstalent, der die Arbeit seiner Mitarbeiter so aufeinander abstimmt, dass ein optimales Ergebnis herauskommt. Zu diesem Selbstverständnis gehört natürlich auch, dass sich der Vorgesetzte vor seinen Mitarbeiter-Kollegen nicht mit seinem akademischen Titel oder Statussymbolen schmückt. Die Devise lautet hier: *Gewoon doen, dan doe je al gek genoeg* – was so viel bedeutet wie: Bleib auf dem Teppich, dann fällst du immer noch hart genug.

Auch in den Arbeitsstilen gibt es Unterschiede: In den Niederlanden setzt man mehr auf Teamarbeit und direkte Kommunikation der Mitarbeiter untereinander als es in Deutschland der Fall ist. So wird man sich als Deutscher in einem niederländischen Betrieb daran gewöhnen müssen, dass man regelmäßig Besuch von seinen Kollegen – auch dem Kollegen „mit den anderen Verantwortlichkeiten" – bekommt und sich dann, neben privaten Dingen, auch über die Arbeit unterhalten wird. Diese Grundhaltung zeigt sich nach außen häufig an verglasten Zwischenwänden und weit offenstehenden Türen.

In Deutschland setzt man dagegen mehr auf Abschottung, vermutlich weil man glaubt, sich so besser auf seine Arbeitsaufgabe konzentrieren zu können. Das heißt, hier ist es ganz normal, bei geschlossener Tür im Büro zu sitzen. Man würde es sogar als Affront empfinden, wenn plötzlich jemand hereinkäme, ohne vorher anzuklopfen – denn das wäre ja wie ein Kontrollbesuch, ob man auch wirklich arbeitet. Das Verhältnis zu den Kollegen und Vorgesetzten ist eher formell (was sich z.B. im Siezen ausdrückt), über private Dinge äußert man sich am Arbeitsplatz eher zurückhaltend.

Was das **(→) Duzen und Siezen** betrifft, gibt es in der deutschen Arbeits- und Betriebskultur jedoch auch Übergangsformen wie das im Büroalltag gern verwandte „Hamburger Du" (Sie, Inge) und das besonders im Lebensmitteleinzelhandel zu beobachtende „Münchener Du" (Du, Frau Meyer). In deutsch-niederländischen Projekten, in denen man sich überwiegend duzt, hat sich in den letzten Jahren eine dritte Form entwickelt, das „Tages-Du": Während der Projekttreffen duzen sich die deutschen Projektbeteiligten untereinander, im Auto auf der Rückfahrt nach Hause ist man dann schon wieder beim vertrauten „Sie".

Das „Sie" ermöglicht es, Distanz zu wahren und kann dazu beitragen, dass die Zusammenarbeit mit Kollegen nicht unter Druck gerät. „Die größere Distanz an deutschen Arbeitsplätzen hat vor allem mit dem Unterschied in der Definition von Freundschaft zu tun", weiß der Buchautor Dik Linthout (2010, S. 197). „Während Niederländer nette Kollegen rasch in den eigenen Freundeskreis aufnehmen, bleiben in Deutschland Freundeskreis und Kollegenschaft eher voneinander getrennt. Diese Trennung zwischen Freizeit und Arbeit kommt auch darin zum Ausdruck, wie die Deutschen das Ende ihres Arbeitstages bezeichnen: ‚Feierabend'. Wenn Deutsche krank sind und nicht arbeiten können, spricht man auch von krankfeiern."

Apropos krankfeiern: Dik Linthout glaubt sogar bei den Berufskrankheiten kulturspezifische Unterschiede zwischen Deutschland und den Niederlanden ausgemacht zu haben. „Die typisch niederländische Berufskrankheit heißt *overspannen zijn*, was man mit ‚überspannt' oder ‚überreizt sein' übersetzen könnte. *Overspannenheid* ist eine Störung des Gleichgewichts zwischen dem, was jemand zu leisten gerade imstande ist, und dem, was er eigentlich leisten könnte und müsste. Niederländische Arbeitnehmer, die es erwischt hat, sprechen selbst allerdings lieber von ‚überarbeitet', da es weniger beängstigend klingt. [...] Eine typisch deutsche Krankheit ist dagegen die ‚Kreislaufstörung', eine leichte Form des Kollapses, die Niederländer als ‚sich nicht *lekker* fühlen' umschreiben würden und die in niederländischen Ohren einen höchst ominösen Beiklang hat. [...] Deutsche, die in den Niederlanden arbeiten und an einer Kreislaufstörung leiden, stoßen auf eine so verwirrte und hilflose Reaktion ihrer Umgebung, dass sie aufhören, darüber zu klagen, und stattdessen vorzugsweise an *overspannenheid* erkranken" (Ebd., S. 219).

Architektur und Wohnen

Die niederländische Architektur ist weltberühmt und hat verschiedene eigene Stile hervorgebracht: den Holländischen Klassizismus etwa oder die Delftse oder Amsterdamse School, um nur einige zu nennen. Mit niederländischem Baustil verbinden wir jedoch vor allem die schmalen Backsteinhäuser mit Treppengiebeln, wie man sie etwa im Zentrum Amsterdams findet. Sie zeichnen sich oft durch steile Treppen und einen *hijsbalken* aus, einen am Giebel angebrachten Holzbalken mit Haken für den Flaschenzug, an dem beim Umzug das sperrige Mobiliar hoch- und durch das Fenster in die Wohnung hineingehievt werden kann.

Niederländische Eigenheimbesitzer wohnen jedoch meist in einem *rijtjeshuis* (Reihenhaus) oder in einer *twee-onder-een-kapwoning*, einer Doppelhaushälfte. Die Häuser haben die Eigenart, dass sie im Erdgeschoss aus einem großen durchgehenden Wohnzimmer mit zwei großzügig bemessenen Fenstern auf der Vorder- und Rückseite des Hauses bestehen. Diese Häuser, die vor allem in der zweiten Hälfte des 20. Jahrhunderts entstanden sind, nennt man *doorzonwoningen*, weil die Sonne gewissermaßen durch sie hindurchscheinen kann.

In solchen Häusern ist es deshalb auch angenehm hell und warm – zumindest, wenn die Sonne scheint. Ist das **(→) Wetter** jedoch schlecht, wie es in den Niederlanden leider oft der Fall ist, lässt sich eine *doorzonwoning* kaum warm kriegen. Dies liegt an den großen Fenstern, die sehr viel Wärme nach draußen abstrahlen, aber auch an der – im Vergleich zu Deutschland – leichten Bauweise der Häuser, bei der die Wände so dünn sind, dass sich Rohre und Leitungen oft nur noch über Putz verlegen lassen. Die dünnen Wände sorgen außerdem dafür, dass man, ob man will oder nicht, intensiv am Liebes- und Familienleben seiner Nachbarn teilhaben kann, ohne dabei auf die berühmten „offenen Gardinen" angewiesen zu sein.

Typisch für niederländische Häuser ist auch, dass sie nur selten über einen Keller verfügen – ein Viertel des Landes liegt unterhalb des Meeresspiegels, so dass es oft sehr teuer und aufwendig ist, einen Keller zu bauen, der sich trocken halten lässt. Und so etwas wie Tapeten wird man in einer niederländischen Wohnung ebenfalls kaum einmal antreffen. Niederländer streichen die verputzten Wände weiß – und *klaar is Kees*, fertig ist die Laube.

Niederländische Bergwelt

Um es gleich vorwegzunehmen: Das, was die Niederländer als „Berg“ bezeichnen, nämlich den Vaalser*berg* bei Maastricht, würden wir bestenfalls einen Hügel nennen. Der Vaalserberg, im Dreiländereck zwischen den Niederlanden, Deutschland und Belgien gelegen, ist 322,7 Meter hoch – und der einzige, nun ja, Berg, den es in den Niederlanden gibt. Ansonsten ist das Land weitgehend so, wie man es sich vorstellt: flach wie ein Brett, soweit das Auge reicht. Das, was sich im Weiteren daraus dann noch erhebt, sind höchstens Dünen und *terpen*: künstlich aufgeschüttete Hügel, auf denen man wohnte und auf die man bei Hochwasser flüchten konnte, zu einer Zeit, als es noch keine Deiche gab.

Niederländer sind also keine geborenen Alpinisten – doch sie lieben die Berge über alles und nehmen dafür sogar gern einmal die Reise über die Grenze in Kauf. Bei deutschen Winterurlaubern sind die niederländischen Touristen besonders gefürchtet. Wenn man, so wird gemunkelt, im Winter in die Berge fährt und dort im Stau steckt, kann man sicher sein, dass am Anfang des Staus ein Niederländer ohne Schneeketten steht. Auf der Rückreise, so heißt es weiter, steht man erneut wegen eines Niederländers im Stau – weil er vergessen hat, seine Schneeketten wieder abzunehmen. Böse Zungen hierzulande sprechen auch vom „Holländer-Triathlon“: Niederländer fahren mit dem Skilift auf den Berg hinauf, steigen mit dem Rettungsdienst wieder ins Tal hinab und fliegen mit dem „Gipsbomber“ nach Hause.[3]

Skilaufen ist nun einmal nicht ihre Stärke, doch dafür sind sie umso besser im *schaatsen*, im Schlittschuhlaufen – im Winter der Volkssport Nummer eins der Niederländer. Höhepunkt der Saison ist die *Elfstedentocht*, ein Eisschnelllauf, der über 200 Kilometer auf vereisten Kanälen und Seen durch elf friesische Städte führt. Sobald es richtig knackig friert, geht es los – das heißt, wenn es denn einmal friert und das Eis dick genug ist, um die Massen an begeisterten Schlittschuhläufern zu tragen. Diese machen sich dann an einem kalten Wintermorgen auf, um den Rundparcours zu bezwingen. Das ist allerdings längst nicht in jedem Jahr der Fall. So fand die Elf-Städte-Tour, seitdem sie 1909 aus der Taufe gehoben wurde, erst fünfzehn Mal statt, 1997 zum letzten Mal. Doch das tut der Begeisterung der Niederländer für ihre Tour keinen Abbruch. Sobald das Quecksilber ein paar Tage lang unter Null fällt **(→ Wetter)**, setzt die Sonderberichterstattung in den Medien ein und die Spekulationen schießen ins Kraut. Wird es dieses Jahr klappen? Und wer sind die Favoriten?

---

3 Diese beiden Holländer-Witze finden sich bei Linthout (2010, S. 67).

Wenn es dann doch wieder einmal mit dem Lauf nichts wird, ist es auch nicht so schlimm: Dann geht es eben zum Skilaufen in die Berge: ins nahegelegene Sauerland, wo Niederländisch ohnehin die zweite Amtssprache ist, oder gleich in die Alpen – und wie immer ohne Schneeketten.

Besatzung und Widerstand

Ein dunkles Kapitel in der Geschichte der deutsch-niederländischen Beziehungen stellt der Einfall der deutschen Wehrmacht in die Niederlande am 10. Mai 1940 dar. Er sollte den Anfang einer fünfjährigen grausamen Besatzung bilden, die 200.000 Niederländern den Tod brachte, darunter allein 102.000 Niederländern jüdischer Abstammung, die in den Vernichtungslagern der Nazis umkamen. Die niederländische Armee konnte der Übermacht des Angreifers nur wenige Tage standhalten und musste schon bald – nach einem verheerenden Luftangriff auf Rotterdam – kapitulieren. Regierung und Königshaus **(→ Holland, Niederlande, Königreich der Niederlande / Oranje boven)** waren bereits kurz nach dem Einmarsch der Deutschen nach England geflohen.

Unmittelbar nach der Kapitulation setzten die Deutschen den österreichischen Nazi Arthur Seyss-Inquart als „Reichskommissar" für die besetzten niederländischen Gebiete ein. Dieser trat dabei „nicht mit dem Ziel an, die Niederlande selbst zu verwalten, sondern sie durch den intakten niederländischen Verwaltungsapparat in die ‚richtige' Richtung zu lenken", schreibt der Historiker Friso Wielenga (2008, S. 181) in einer kritischen Betrachtung der Besatzungszeit. In Berlin setzte man also darauf, im „germanischen Brudervolk" genügend freiwillige Helfer zu finden, die bereit waren, gemeinsam mit dem Besatzer das Programm der Nationalsozialisten umzusetzen.

Dieses Programm bestand vor allem in der Gleichschaltung der niederländischen Gesellschaft sowie in der Ausgrenzung, Enteignung und schließlich Ausrottung der niederländischen Juden. Um der drohenden Deportation – und damit dem sicheren Tod – zu entkommen, entschlossen sich viele dieser Juden dazu, unterzutauchen. Das bekannteste Beispiel hierfür ist Anne Frank, die sich jahrelang mit ihrer Familie in einem Hinterhaus an der Prinsengracht 263-267 in **(→) Amsterdam** versteckt hielt und ihre Erlebnisse in einem Tagebuch festhielt, das erhalten geblieben und nach dem Krieg in viele Sprachen übersetzt worden ist. Das von Anne und ihrer Familie bewohnte Hinterhaus ist heute ein Museum.

Obwohl tatsächlich viele Niederländer bereitwillig den Anordnungen der Besatzer Folge leisteten, konnte die nationalsozialistische Ideologie in der Bevölkerung nie richtig Fuß fassen – das belegen die eher bescheidenen Mitgliederzahlen der NSB, der *Nationaal-Socialistische Beweging*. Und je länger die Besatzung andauerte, desto verhasster machten sich die Deutschen bei der niederländischen Bevölkerung – der Widerstand, *Het Verzet*, begann sich zu organisieren. Es wurden Streiks angezettelt, illegale Zeitungen gedruckt und verteilt, Lebensmittelkarten und Dokumente für die vielen Untergetauchten, die *onderduikers*, gefälscht, Überfälle auf Einwohnermeldeämter verübt und Kollaborateure liquidiert. Die Besatzungsmacht reagierte mit brutaler Gewalt darauf: durch Erschießungen von Zivilisten als Vergeltungsmaßnahme für Aktionen des *verzet* oder die Hinrichtung von Widerstandskämpfern, wo immer sie sich fassen ließen. Verständlich, dass solche Maßnahmen nicht dazu beitrugen, die Sympathien für die Deutschen in der niederländischen Bevölkerung zu steigern.

Im letzten, ungewöhnlich strengen Kriegswinter, dem sogenannten „Hungerwinter" 1944/45 starben noch einmal rund 22.000 Menschen an Hunger und Kälte. Das Land befand sich in einem desolaten Zustand: „Große Landesteile standen unter Wasser, viele Häfen, Schifffahrtswege und Straßen waren unpassierbar, es herrschte großer Wohnungsmangel, und die Besatzer hatten vor allem im letzten Kriegsjahr (Kapital-) Güter im Millionenwert geraubt und nach Deutschland transferiert" (Wielenga 2008, S. 174 f.).

Nach ihrer Landung in der Normandie im Juni 1944 rückten die alliierten Truppen rasch vor und befreiten zunächst weite Teile der südlichen Niederlande. Im Frühjahr 1945 mussten die Deutschen schließlich auch die nördlichen Landesteile aufgeben. Am 5. Mai, dem Tag der Kapitulation der deutschen Truppen, war der Krieg für die Niederlande endlich vorbei. Dieser Tag wird heute noch als *Bevrijdingsdag*, Befreiungstag, gefeiert (→ **Feiertage**).

Obwohl die allermeisten Niederländer weder aktiv noch passiv Widerstand gegen die Besatzer geleistet hatten, herrschte im Land bis weit in die 1980er Jahre hinein ein Schwarzweißdenken vor, das ausschließlich zwischen *goed* und *fout* unterschied, zwischen den „guten" Widerstandskämpfern – denen man sich selbst meist auch irgendwie zurechnete – und den „falschen" Kollaborateuren, die immer die anderen waren. Erst ganz allmählich durften kritische Fragen gestellt werden, wie etwa die, warum in den Niederlanden nur 25 Prozent der jüdischen Bevölkerung den Krieg überlebt hatte (38.000 von ehedem 140.000), während es in Norwegen und Belgien immerhin 60 und in Frankreich sogar 75 Prozent waren. Sollte es etwa doch mehr

Kollaboration gegeben haben, als man es sich selbst eingestehen wollte? Diejenigen Deutschen, die schon etwas älter sind und deren Eltern den Krieg noch mitgemacht haben, kennen diese Diskussion ebenfalls.

In der niederländischen **(→) Literatur** ist der Krieg und der Widerstand gegen die deutschen Besatzer immer wieder thematisiert worden. Besonders eindrucksvoll – und spannend – ist dies zwei Autoren gelungen: Willem Frederik Hermans in seinem Roman *Die Dunkelkammer des Damokles* und Harry Mulisch in *Das Attentat*. Wer also etwas mehr über diese Zeit wissen möchte, könnte hier anfangen.

Betriebskultur

(→ Arbeits- und Betriebskultur)

Bewerbung auf Niederländisch

Ein Bewerbungsverfahren um einen Job in den Niederlanden läuft im Grunde nicht anders als bei uns. Kleine Unterschiede gibt es aber dennoch. Bei einer niederländischen Bewerbung ist es etwa unüblich, ein Passfoto und Kopien der Schul- und Abschlusszeugnisse beizufügen. Meist werden die Unterlagen auch nicht mehr zurückgeschickt.

In einem Bewerbungsschreiben für ein niederländisches Unternehmen geht es nicht nur darum, die eigene fachliche Kompetenz herauszustellen, sondern auch und vor allem darum, dass der Leser, also der (hoffentlich) künftige Chef, sich einen Eindruck von der Persönlichkeit des Bewerbers oder der Bewerberin machen kann. Wichtig ist also, ihn davon zu überzeugen, dass man genau die Person ist, die er für die von ihm angebotene Stelle sucht. Eine Standardbewerbung kann zwar eine gute Grundlage sein, darüber hinaus sollte man aber sehr individuell auf die jeweilige Stellenanzeige eingehen.

Während ein deutsches Bewerbungsschreiben in der Regel auf Deutsch verfasst wird, ist es bei einem niederländischen Betrieb durchaus erlaubt, seine Bewerbung auf Englisch zu schreiben, wenn man (noch) kein Niederländisch beherrscht. Gelegentlich ist auch Deutsch möglich, doch Vorsicht: Viele Niederländer haben in der Schule bereits kein Deutsch mehr gelernt. Im Zweifelsfall empfiehlt es sich deshalb, vorher bei der Personalabteilung des Unternehmens – die hier meist *P&O-afdeling* heißt – anzurufen und zu fragen, ob eine Bewerbung auf Deutsch akzeptiert wird.

Insgesamt darf der – maximal zwei-, besser jedoch einseitige – Bewerbungsbrief etwas ungezwungener gehalten sein, als es in Deutschland üblich ist. So können beispielsweise Auskünfte über die Beweggründe für die Bewerbung, Erwartungen an die Arbeit sowie private Hobbys enthalten sein. Für den Lebenslauf wird eine maximale Länge von zwei Seiten empfohlen. Wichtig ist, eine aktuelle Telefonnummer anzugeben, da viele niederländische Arbeitgeber das erste Gespräch mit einem Bewerber gern telefonisch führen.

Auch das eigentliche Vorstellungsgespräch verläuft in der Regel weniger formell als in Deutschland. Darin geht es dann nicht so sehr um Zeugnisse und Notendurchschnitte, sondern eher darum, sich auf einer persönlichen Ebene kennenzulernen und herauszufinden, ob man zum Team passt und entwicklungsfähig ist. Zeugnisse sind natürlich trotzdem nicht unwichtig und werden sicherlich irgendwann im Verlauf der Prozedur zur Sprache kommen. Von daher ist es von Vorteil, sich vorab um eine Evaluierung beziehungsweise Anerkennung seines Ausbildungs- oder Hochschulzeugnisses zu bemühen. Die hierfür zuständigen Stellen sind das Colo beziehungsweise Nuffic, die gemeinsam die *Internationale Diplomawaardering* (Internationale Zeugnisbewertung) betreiben. Auf der Website *www.idw.nl* wird das Verfahren erläutert.

War man mit der Bewerbung erfolgreich, erhält man einen – häufig befristeten – Arbeitsvertrag, der die Arbeitszeit, das Gehalt, eventuelle Prämienzahlungen, den Urlaub sowie die maximal zweimonatige Probezeit regelt. Auch zusätzliche freiwillige Sozialleistungen des Arbeitgebers werden hier festgehalten. Das Gehaltsniveau in den Niederlanden entspricht in etwa dem in Deutschland, doch da die Steuer- und Abgabelast bei unseren Nachbarn geringer ist als bei uns, hat man letztlich mehr im Portemonnaie.

Das niederländische Bildungswesen[4]

Die Schulpflicht in den Niederlanden reicht vom 5. bis zum 15. Lebensjahr. Dabei sind Vorschule und Primarstufe zu einem Schultyp, der *basisschool* (Grundschule), zusammengefasst. Während des 12. Lebensjahres der Kinder wird über ihr weiteres schulisches Schicksal entschieden, also darüber, ob sie das vierjährige VMBO (*Voorbereidend Middelbaar Beroepsonderwijs*), das fünfjährige HAVO (*Hoger Algemeen*

4 Der nachfolgende Beitrag stammt von Anja Schulz, Institut für Berufs- und Betriebspädagogik der Otto-von-Guericke-Universität Magdeburg.

Voortgezet Onderwijs) oder das sechsjährige VWO (*Voorbereidend Wetenschappelik Onderwijs*) besuchen. Der Besuch des HAVO erlaubt das Studium an einer Fachhochschule, wohingegen das VWO mit der Allgemeinen Hochschulreife abgeschlossen wird und den Zugang zu einem Universitätsstudium eröffnet. Das VMBO entspricht in etwa unserer Haupt- beziehungsweise Realschule und berechtigt zu einer Berufsausbildung im dualen System oder an einer beruflichen Vollzeitschule im *Middelbaar Beroepsonderwijs* (MBO). Hier das Bildungssystem im Überblick:

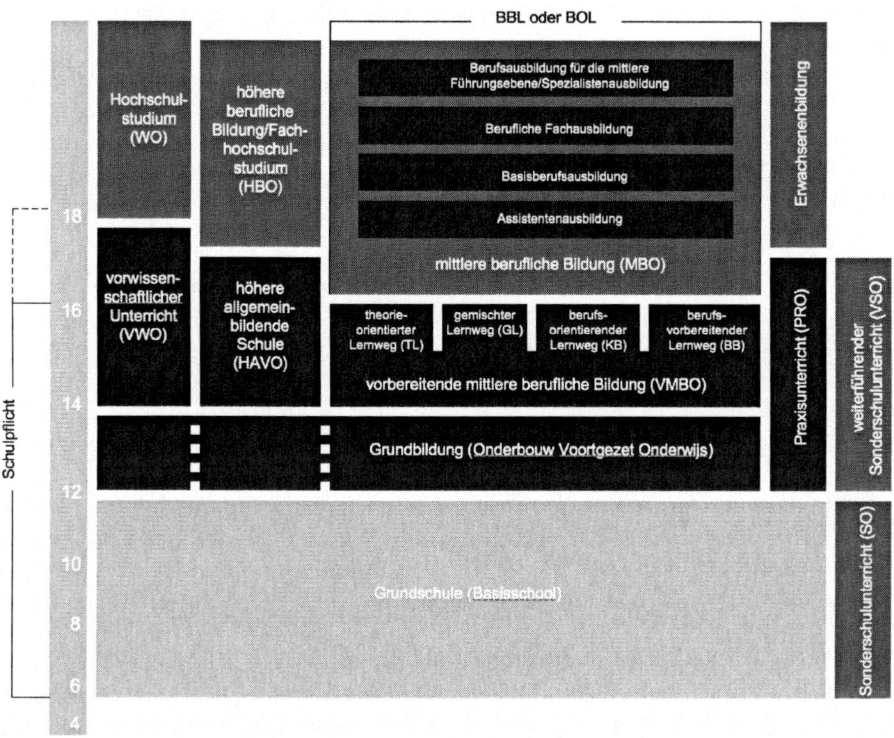

Der Bereich der beruflichen Erstausbildung lässt Jugendlichen im Alter von 16 Jahren und nach dem Besuch des VMBO die Wahl zwischen derzeit rund 300 Berufsausbildungen im MBO. Die Berufsbildungsgänge bereiten die „Studenten" (wie die Azubis in den Niederlanden genannt werden) auf mittlere Positionen in Verwaltung, Industrie und im Dienstleistungssektor vor, wobei sie zwischen technischen Kursen, Kursen aus den Bereichen Gesundheit und Pflege, Wirtschaft oder Landwirtschaft auswählen können. Nach dem Gesetz zur Berufsbildung und Erwachsenenbildung (*Wet Educatie en Beroepsonderwijs*, WEB) hat der Jugendliche, wenn er sich für eine

Ausbildung entscheidet, zwei Möglichkeiten: Entweder er schlägt eine berufsschulische Ausbildung (BOL, *Beroepsopleidende Leerweg*) oder aber eine betrieblich-duale Ausbildung (BBL, *Beroepsbegeleidende Leerweg*) ein. Zwar sind diese Varianten inhaltlich und formal gleichwertig, jedoch wird – im Gegensatz zu Deutschland – dem dualen Ausbildungspfad von den Jugendlichen wie auch von ihren Eltern ein geringerer Stellenwert beigemessen.

Mit dem WEB erfolgte auch die institutionelle Zusammenlegung der schulischen Lernorte zu regionalen Berufsbildungszentren, den sogenannten ROCs (*Regionale Opleidingencentra*). Diese verfügen hinsichtlich des Bildungsangebots, der Administration und der Finanzierung des Angebots über eine nahezu unbegrenzte Autonomie, wodurch sie sich den Anforderungen der regionalen Wirtschaft anpassen können. Auf diese Weise können die einzelnen Ausbildungen sehr gut auf die Bedürfnisse des **(→) Arbeitsmarkt**es abgestimmt werden, wobei die ROCs natürlich an die landesweit geltenden Ausbildungsordnungen gebunden sind.

Ein weiterer Unterschied zur dualen Ausbildung in Deutschland ist die Zuordnung von Berufsbildungsgängen und deren Abschlüssen zu jeweils einem Leistungsniveau. Diese insgesamt vier Niveaus entsprechen der europäischen Einteilung der Ausbildungsniveaus, wobei die erste Stufe (ein halbes bis ein Jahr) die Formen der beruflichen Vorbereitung und des Einstiegs in die Berufsausbildung umfasst. Die zweite bis vierte Stufe (zwei bis vier Jahre) betreffen Formen beruflicher Erstausbildung, aber auch das Angebot der (geregelten) beruflichen Fortbildung. Nach dem erfolgreichen Abschluss jeder Niveaustufe erhalten die Auszubildenden ein *diploma*, also ein Berufsabschlusszeugnis, das zur Ausübung ihres Berufs berechtigt.

Die Ausbildungen auf den einzelnen Niveaustufen sind modular, das heißt, die Ausbildung ist nach dem Baukastenprinzip aufgebaut. Für jedes Modul, das man abgeschlossen hat, gibt es ein Zertifikat. Hat man alle vorgeschriebenen Zertifikate beisammen und die Abschlussprüfung bestanden, erhält man sein *diploma*. Die Zertifikate haben aber noch eine andere Funktion als die Bescheinigung einzelner Teilabschnitte einer Ausbildung. Nachdem der Jugendliche ein Zertifikat erworben hat, eröffnen sich ihm nämlich mehrere Möglichkeiten: der Wechsel in eine andere Berufsausbildung auf demselben Ausbildungsniveau, der Wechsel im selben Beruf auf die nächsthöhere Stufe oder die Unterbrechung beziehungsweise der Abbruch der Ausbildung mit der Option, jederzeit wieder in das Berufsbildungssystem zurückzukehren.

Diese Modularisierung bietet eine hohe Flexibilität sowie eine – horizontale wie vertikale – Durchlässigkeit, führt aber insbesondere bei potentiellen deutschen Arbeitgebern zu Verwirrung, da es schwer ist, zu beurteilen, welche Kompetenzen und Qualifikationen mit einem bestimmten Berufsabschluss verbunden sind.

Bureau-Alltag

In den Jahren zwischen 1996 und 2000 erschien in den Niederlanden ein Roman, der seinerzeit für große Aufregung sorgte: der Roman *Het Bureau* (Das Büro) des Amsterdamer Autors J.J. Voskuil. Das Besondere an diesem Roman ist nicht nur sein Umfang – 5.000 Seiten, verteilt über sieben Bände –, der ihn zum dicksten Einzelwerk der Weltliteratur macht, sondern auch der Inhalt. *Het Bureau* ist eine in Romanform erzählte Berufsautobiographie eines Mannes, der dreißig Jahre lang als „wissenschaftlicher Beamter" an einem bekannten Amsterdamer Volkskundeinstitut gearbeitet hatte und nach seiner Pensionierung minutiös alles aufschrieb, was er in dieser Zeit erlebt und gehört hatte.

Wer jedoch glaubt, das sei langweilig und unlesbar, wird überrascht sein. Denn *Het Bureau* ist einer der anregendsten und unterhaltsamsten Romane, die die Welt gesehen hat. Er zeigt wie unter einem Vergrößerungsglas den Alltag in einem niederländischen Büro: die Gespräche und Auseinandersetzungen mit Kollegen und Untergebenen, den Ärger mit dem Chef, die endlosen Sitzungen, auf denen man sich die Zeit totschlägt, die sinnlosen Projekte, den heldenhaften, aber letztlich doch vergeblichen Kampf gegen die Mühlen der Bürokratie.

Und das Schöne ist: Alles ist wirklich einmal so passiert am Amsterdamer P.J. Meertens Instituut, jenem Volkskundeinstitut, das Pate für *Het Bureau* stand. Man hat als Leser die einzigartige Möglichkeit, tief in einen typisch niederländischen Berufsalltag **(→ Arbeits- und Betriebskultur)** zu blicken – und ist überrascht, wie sehr dieser manchmal dem unseren in Deutschland gleicht.

Die Geschichte beginnt 1957. Mangels besserer Alternativen heuert Maarten Koning, die Hauptfigur des Romans und identisch mit dem Autor Voskuil, an einem gottvergessenen Institut für niederländische Volkskultur in **(→) Amsterdam** an und führt dort Untersuchungen über "Wichtelmännchen" und die "Nachgeburt des Pferdes" durch. Kein Wunder, dass Maarten seiner Arbeit nicht viel abgewinnt, doch er tut sie aus Pflichtgefühl. Er verbringt seine Tage mit dem Anlegen von Karteikarten über Dinge, die er nicht versteht, langweilt sich auf unzähligen, zumeist völlig sinnlosen, Arbeitsbesprechungen und hadert derweil mit dem Schicksal.

Das Institut wächst, und die Probleme wachsen mit – etwa in Gestalt zweier Untergebener Maartens. Während der eine bereits kurz nach Dienstantritt von ominösen Wehwehchen heimgesucht wird, die ihn anschließend über Jahre hinweg immer wieder ans Krankenlager fesseln, ist der andere ein Totalverweigerer ganz anderen Kalibers: durch endlose Diskussionen versteht er es, seinen Vorgesetzten so sehr zu zermürben, bis dieser seine Arbeit gleich selbst erledigt.

Doch auch die übrige Belegschaft ist alles andere als eine Zierde der Zunft. Wenn seine Mitarbeiter nicht gerade an ihren (seltenen) Artikeln werkeln – deren wissenschaftliche Qualität so hundserbärmlich ist, dass Maarten gelegentlich nur durch ein Publikationsverbot Schlimmeres verhindern kann –, hecken sie Intrigen gegen ihn aus. Dabei wäre er nun wirklich der Letzte, der dies verdient hätte, ein Mann, der sich um seine Leute „wie der gute Hirte um seine Schäfchen" kümmert. Doch kaum hat Maarten den wohlverdienten Ruhestand angetreten, macht sich seine Abteilung daran, die Spuren seines Wirkens zu tilgen – bis hin zur spontanen Entfernung seines Schreibtisches, den man ihm zunächst belassen hatte.

Mit dem Erscheinen des ersten Bandes im Jahre 1996 entwickelte sich *Het Bureau* zu einem nationalen Großereignis in den Niederlanden. Sein Verlag hat bis heute mehr als 400.000 Exemplare der Bände verkaufen, doch das Heer derer, die Anteil am Leben Maarten Konings genommen haben, dürfte – auch dank des Medieninteresses an dem Roman – um ein Vielfaches größer sein. Als das reale Bureau 1998 umzog, wurden vorher Führungen für Voskuil-Fans veranstaltet. Ein Theaterstück nach Romanmotiven war monatelang ausverkauft, ein Hörspiel mit Episoden aus *Het Bureau* war bis vor einigen Jahren tagtäglich im Radio zu hören, und der Amsterdam-Tourist kann noch stets mit einem Reiseführer die Leidensstätten Maarten Konings abschreiten.[5]

Bislang liegt *Het Bureau* nur auf Niederländisch vor, doch bald wird es auch eine deutsche Übersetzung geben, nachdem sich der Münchener C.H. Beck Verlag, dank des Engagements seines Lektors Ulrich Nolte, dazu entschlossen hat, im Sommer 2012 mit dem ersten Band des Megaromans an den Start zu gehen. Titel: *Das Büro*.[6]

---

5 Der Stadtführer ist von Onno-Sven Tromp und heißt: *Wat doe jij in mijn stad? Een literaire wandeling door het Amsterdam van J.J. Voskuil* (2000).

6 Wer es bis dahin nicht aushält oder mehr über den Hintergrund und seinen Autor erfahren möchte, sei auf den Band *Het Bureau. Ein Abend mit J.J. Voskuil* (Missinne u. Busse 2011) verwiesen, der bereits eine kleine Sammlung von Episoden aus dem Roman und Artikel über ihn enthält. Im Internet findet sich ebenfalls das eine oder andere, z.B. unter *www.het-bureau.eu/dokumente/het_bureau.pdf*.

Deiche

(→ Windmühlen, Deiche und Polder)

Schöne neue Dienstleistungswelt

Seit dem Ende des Zweiten Weltkriegs haben sich die Niederlande zu einer ausgesprochenen Dienstleistungsgesellschaft entwickelt – es gibt nichts, für das es dort nicht eine spezielle *dienstverlening*, also eine Dienstleistung, gibt. Leider hapert es jedoch oft an der entsprechenden Servicementalität beziehungsweise Kompetenz der im Dienstleistungssektor tätigen Beschäftigten. Wer als Kunde eine Frage stellt, bekommt nur allzu oft die Antwort: „Das weiß ich nicht", „Das haben wir nicht" oder „Das geht nicht" – wenn er denn überhaupt jemanden findet, den er ansprechen kann. Denn als Deutscher hat man manchmal das Gefühl, dass niederländisches Servicepersonal konsequent in deutschen Baumärkten qualifiziert wird, wo es dann lernt, sich bei drohendem Kundenkontakt blitzschnell aus dem Staub zu machen.

Berüchtigt – nicht nur bei ausländischen Gästen – ist besonders der **(→) Horeca**-Bereich (*horeca* = Hotels, Restaurants, Cafés): miese Bedienung, mieses Essen, miese Stimmung. Viele Ausländer erleben die Niederländer als ein kundenunfreundliches Volk, klagt auch Reinildis van Ditzhuyzen (2011, S. 110) in ihrem Niederlande-Buch und hebt dabei hervor, „dass das niederländische Servicepersonal besonders gut darin ist, Augenkontakt zu vermeiden. Vor allem in Cafés und Restaurants. Man könnte fast annehmen, dass sie das in ihrer Horeca-Ausbildung lernen."

Ganz so schlimm ist es natürlich nicht, doch hier wird etwas angesprochen, das durchaus ein Körnchen Wahrheit enthält. Die Qualität der Berufsausbildung **(→ Das niederländische Bildungswesen)** in den Niederlanden lässt in manchen Bereichen doch sehr zu wünschen übrig und sorgt immer wieder für heftige Diskussionen in der niederländischen Öffentlichkeit – insbesondere, seitdem vor ein paar Jahren der *competentiegericht onderwijs* (kompetenzorientierter Unterricht) oder kurz *CGO* eingeführt wurde. Grob verkürzt kann man sagen, dass man nach dem neuen CGO nicht mehr lernt, einen Kunden zu bedienen, sondern die „Kompetenz" erwirbt, den Kunden zufriedenzustellen. Das scheint auf den ersten Blick dasselbe zu sein, ist es aber nicht. Denn in der Praxis macht es natürlich einen Riesenunterschied, ob man es mit einer Servicekraft zu tun hat, die weiß, dass man den Kunden vor allem mit einer korrekten Dienstleistung zufriedenstellt, oder mit jemandem, der ihm stattdessen einen

– wenn auch ganz netten – Witz erzählt. Diese Einsicht scheint allmählich auch in der Politik durchzudringen. So wurde im niederländischen Parlament jüngst in einem Gesetzentwurf zur Reform der „kompetenzorientierten Ausbildungsstruktur“ der Begriff „kompetenzorientiert“ durch „berufsorientiert“ ersetzt, da es nach Ansicht der Parlamentarier im Beruf weniger darauf ankomme, eine kompetente *Einstellung* zu vermitteln, als vielmehr, auch etwas zu *wissen* und zu *können*.

Ein Freund aus **(→) Amsterdam** erzählte einmal von seiner Erfahrung mit der niederländischen Dienstleistungsmentalität, als die Heiztherme in seiner Wohnung streikte und er das *facility management* kommen lassen musste. „Ein paar Tage später standen zwei junge Männer an der Tür, von denen ich erst glaubte, dass sie mir eine Zeitschrift verkaufen wollten. Sie trugen einfach Jeans und T-Shirt, hatten keine Arbeitskleidung an oder etwas in der Hand, das wie Klempnerwerkzeug aussah. Als ich ihnen mein Problem erklärt hatte, meinte der eine: ‚Oh, das hört sich nach etwas Kompliziertem an’, und der andere fragte: ‚Haben Sie mal einen Schraubenzieher?’ Ein Glück für mich, dass ich so etwas im Hause hatte.“

Ruft man in den Niederlanden bei einer Firma an, passiert es immer häufiger, dass sich jemand nur mit dem Vornamen meldet, dem man dann sein Anliegen vortragen muss und bei dem man anschließend darauf vertrauen darf, dass sie oder er die Sache auch tatsächlich weiterverfolgt (etwa Unterlagen zu schicken oder jemanden ausfindig zu machen, der eine bestimmte Auskunft erteilen kann). Zugegebenermaßen, meist geht es gut, doch wenn nichts passiert und man noch einmal nachfassen muss, hat man das Problem, dass niemand weiß, wer jene „Mandy“ oder jener „Rob“ sein könnte, die oder der ursprünglich versprochen hatte, sich um die Angelegenheit zu kümmern.

In den Niederlanden ist man ganz verrückt danach, die neuesten technischen Innovationen zu nutzen, um sich das Leben leichter zu machen. So wurden in Nijmegen zur Zeit der Euro-Umstellung die alten Parkuhren abgebaut, in die man seine Gulden einwerfen musste, und durch neue ersetzt, die per *chipknip* funktionierten – einer in den Niederlanden sehr beliebten Art des bargeldlosen Zahlungsverkehrs mittels einer Geldkarte, die mit einem bestimmten Geldbetrag aufgeladen wird. Endlich hatte die schreckliche Sucherei nach Münzen ein Ende, und alle waren glücklich und zufrieden. Alle? Ja, alle – bis auf die deutschen Tagestouristen aus Kleve, Wesel und Duisburg, die zum Shoppen ins grenznahe Nijmegen kamen und natürlich keine Chipknip-Karte hatten (die man nur in Verbindung mit einem niederländischen Girokonto bekommt). Erst als der Einzelhandel Umsatzeinbußen meldete, wachte der Stadtrat auf und ließ die bargeldlosen Automaten gegen solche austauschen, die auch Münzen akzeptierten.

Der Mensch lernt bekanntlich aus Erfahrung. Deshalb darf man wohl auch gespannt sein, wie sich die neueste Reorganisation der niederländischen Arbeitsagentur *UWV WERKbedrijf* auf die Qualität der Arbeitsvermittlung in den Niederlanden auswirken wird. Bislang betrieb UWV WERKbedrijf 130 Büros im ganzen Land, wo man sich arbeitslos melden und sich um einen neuen Job bemühen konnte. Nach den Plänen der Regierung soll diese Zahl nun bis zum Jahr 2014 auf 30 reduziert werden, natürlich ohne dass die Dienstleistung darunter leidet. Das Zauberwort heißt *e-dienstverlening*, also Online-Arbeitsvermittlung. Zu hoffen bleibt, dass die Arbeitslosen auch alle einen Computer mit Internetzugang haben und wissen, wie sie das Menü ihres elektronischen Arbeitsvermittlers bedienen müssen.

Doch wo Schatten ist, gibt es bekanntlich auch Licht. Hat man in den Niederlanden das Glück, auf eine kompetente Fachkraft zu treffen, die weiß, was sie tut – und davon gibt es immerhin eine ganze Menge –, wird es einem an nichts mangeln. Das Problem wird im Nu, dauerhaft und notfalls unbürokratisch gelöst – und dazu gibt es dann kostenlos noch ein paar nette Scherze und Komplimente.

Diminutive

Dass Niederländisch auf uns so „putzig“ wirkt, liegt vor allem an der großzügigen Verwendung von Diminutiven, Verkleinerungswörtern. Als Regel gilt: Im Prinzip lässt sich im Niederländischen alles verkleinern, einfach, indem man ein *-je* anhängt. „Nicht nur die Geschenke [*cadeautjes*] sind in den Niederlanden klein“, hat Reinildis van Ditzhuyzen (2011, S. 122) von einem deutschen Ingenieur erfahren, „hier scheint man alles in Diminutiven auszudrücken, das passt auch gut zur niederländischen Angewohnheit, sich selbst nicht größer zu machen als man ist. Hier trinkt man sein Schnäpschen (*borreltje*) oder ein Gläschen Wein (*glaasje*), hier steht das Tässchen Kaffee oder Tee auf einem Untertässchen (*kopje*, *schoteltje*), man kauft ein Sträußchen Blumen (*bosje*), isst einen kleinen Keks oder eine kleine Süßigkeit (*koekje*, *snoepje*), geht ein Wöchlein in ein Ferienhäuschen (*weekje*, *vakantiehuisje*), liest eine kleine Zeitung (*krantje*) und raucht sich ein Kippchen (*sigaretje*).“

Dik Linthout, der sich in seinem Buch *Frau Antje und Herr Mustermann* (2010,

S. 161) eingehend mit der niederländischen Sprache beschäftigt, gibt eine Übersicht von Wortgruppen, die sich problemlos verkleinern lassen:

> „Vorsilben wie *uit* (aus-) oder *toe* (zu-): *uitje* (Ausflug) oder *toetje* (Nachtisch);
> Adverben wie *laat* (spät), *tussendoor* (zwischendurch) […]: *latertje* (*het zal een latertje worden* = es wird spät werden), *tussendoortje* (Imbiss) […];
> Pronomen wie *ons* (uns): *onderonsje* (Gespräch unter vier Augen);
> Zahlen wie *een* (eins) oder *tien* (zehn): *in zijn eentje* (allein); *tientje* (10-Euro-Schein);
> Verben wie *moeten* (müssen) oder *weten* (wissen): ein *moetje* ist eine Muss-Ehe, ein *weetje* ist etwas, das es zu wissen lohnt;
> Adjektive wie *weiß* (wit) oder *groen* (grün): ein *witje* ist ein Schmetterling, ein *groentje* ist ein Grünschnabel;
> Substantive, die als Verkleinerungswort eine völlig andere Bedeutung bekommen: *telefoontje* oder *belletje* (was nicht ‚Telefon' oder ‚Klingel' bedeutet, sondern ‚Anruf')."

Bei der Verwendung solcher Verkleinerungsformen ist also Vorsicht angebracht, denn oft ändert sich dadurch die Bedeutung eines Worts. Ein „*afspraakje*" etwa ist keine unverbindliche Verabredung, sondern ein Rendezvous, und ein *vluggertje* (von *vlug*, schnell) ist kein kleiner, schneller Mensch, sondern das Gleiche wie ein *nummertje*, ein „Quickie".

Natürlich ist es angesichts der Liebe der Niederländer zur Verkleinerung, anders als im Deutschen, erlaubt, etwas an sich schon Kleines noch einmal zu verkleinern. So ist ein kleines Bier *een kleintje* und ein kleiner Mann *een klein mannetje*. Da ist es eigentlich nur konsequent, dass auch das Große verkleinert wird, etwa in *grootje* (Oma), oder wie in einer berühmten Erzählung des niederländischen Schriftstellers Nescio, die den Titel *Titaantjes* trägt. Und sogar etwas so großes wie „Gott" lässt sich mit dem niederländischen Diminutiv noch problemlos zu *godje* verkleinern, wenngleich dies natürlich schon bedenklich an Gotteslästerung grenzt. **(→ Schimpfen und fluchen / Madurodam)**

Duzen und siezen

Was einem Deutschen im Kontakt zu Niederländern als Erstes auffällt, ist die Tatsache, dass sich scheinbar jeder mit jedem duzt. Zwar kennt man auch im Niederländischen das „Sie“ (nämlich *u*), doch im normalen Umgang – selbst zwischen dem Vorstandsvorsitzenden und seiner Sekretärin – wird geduzt **(→ Arbeits- und Betriebskultur / Lockerheit)**. Meist läuft es so, dass man sich im ersten Kontakt noch siezt, jedoch während des Gesprächs dann irgendwann nahtlos zum „Du“, also *jij* beziehungsweise *je*, übergeht. Ab diesem Zeitpunkt kann man sein Gegenüber ebenfalls problemlos duzen. Zur Sicherheit kann man noch einmal fragen: „*Zullen we elkaar tutoyeren?*“ (Sollen wir uns duzen?) beziehungsweise: „*Zullen we jij en jou tegen elkaar zeggen?*“ (Sollen wir uns mit Du und Dich anreden?).

In Deutschland ist ein solcher Umgang, insbesondere im beruflichen Alltag, eher unüblich. Man bleibt gern auf Distanz und achtet auf Etikette, wozu natürlich das „Sie“ gehört. So kann man jahrelang seinen Schreibtisch mit einem Kollegen teilen und sich trotzdem siezen, ohne dass dies jemand merkwürdig fände. Zum „Du“ wird erst übergegangen, wenn der Ältere oder Ranghöhere die Frage stellt: „Sollen wir uns duzen?“ Diese Frage muss bestätigt und mit der Nennung des eigenen Vornamens bekräftigt werden. Erst, wenn der andere ebenfalls seinen Vornamen genannt hat, ist die Sache sozusagen rechtskräftig und man ist fortan offiziell „per Du“.

Doch auch beim niederländischen „Du“ ist einige Vorsicht angebracht. Denn zum einen hat es sehr viel weniger mit Nähe und Freundschaft zu tun als im Deutschen, und zum anderen kann die übliche Form des niederländischen „Du“ – *je* – nicht nur „Du“, sondern ganz einfach auch „man“ bedeuten. *Als je mij zou vragen* kann also sowohl „Wenn *du* mich fragen würdest“ als auch „Wenn *man* mich fragen würde“ heißen.

Eine deutsche Juristin, die Reinildis van Ditzhuyzen (2011, S. 54) in ihrem Buch über korrektes Benehmen im Umgang mit Niederländern zitiert, erklärt den Unterschied zwischen dem niederländischen *je* und dem “Du“ beziehungsweise dem *u* und dem „Sie“ folgendermaßen: „Das deutsche ‚du’ steht für Intimität, das ‚Sie’ steht für Distanz. Deshalb sprechen wir Deutschen jeden in der Familie, von jung bis alt, mit ‚du’ an. Auch Gott wird so angesprochen. In den Niederlanden ist das anders. ‚U’ zu sagen bedeutet hier, Respekt und Ehrerbietung zu zeigen. Viele Kinder sprechen deshalb ihre Eltern und andere ältere Familienmitglieder mit ‚u’ an. Auch Gott wird mit ‚u’ angesprochen. Und das verstehen dann wir Deutschen wieder nicht. […] Für uns gehört die Familie (und Gott) zum intimen Kreis. Gute Freunde, Kollegen und andere können einander ausdrücklich das ‚du' anbieten, das ist dann wie ein Geschenk. Denn damit betreten sie den inneren Kreis. Die Menschen außerhalb dieses inneren Zirkels kennt der Deutsche nicht und spricht sie deshalb mit ‚Sie' an."

Viele Deutsche empfinden die Duzerei in den Niederlanden als angenehm. Dagegen hat das Siezen der eigenen Eltern für uns etwas Merkwürdiges und Bizarres. Meist findet sich dieser Brauch nur noch bei älteren Niederländern, etwa ab fünfzig aufwärts, doch in manchen Kreisen hat er sich bis heute gehalten. So berichtete der ehemalige Trainer des FC Bayern München, Louis van Gaal, einmal in einem Interview, dass er bis heute strikt darauf bestehe, von seinen Töchtern gesiezt zu werden.

Elfstedentocht

(→ Niederländische Bergwelt)

Essgewohnheiten

In den Niederlanden isst man, wie bei uns, dreimal am Tag: morgens, mittags und abends – beziehungsweise, um genau zu sein: nachmittags. Denn in vielen holländischen Haushalten steht bereits um sechs Uhr der *stamppot* auf dem Tisch.

Das Frühstück (*ontbijt*) ist mehr oder weniger so, wie wir es kennen. Manche, vor allem junge Niederländer frühstücken gern süß, mit *hagelslag* (Schokoflocken oder -streusel) oder *muisjes* („Mäuschen", bunt gezuckerte Anissamen), die sie auf ihr Brot streuen. Dieses Brot, weiß oder braun, ist sehr weich: Es lässt sich zusammendrücken und kehrt innerhalb weniger Sekunden wieder in seine alte Form zurück. Andere belegen ihr Brot mit Käse oder Aufschnitt, wobei die Wurst hauchdünn geschnitten ist, oder bestreichen es mit Honig, Marmelade, *pindakaas* (Erdnussbutter) oder *appelstroop* (Apfelsirup). Auch Müsli wird in den Niederlanden gern gegessen. Dazu trinkt man Kaffee.

Das Mittagessen, *lunch* genannt (ausgesprochen wird es „Lünsch"), besteht meist aus Brot oder Brötchen, eventuell mit einer Tasse Suppe vorweg und einer *kroket*, also einer panierten und frittierten Fleischragoutrolle als Beilage, die man – als *broodje kroket* – mit viel Senf zwischen den Semmelhälften zerquetscht und dann genussvoll verzehrt. Dazu wird Milch oder *karnemelk*, also Buttermilch, und Kaffee gereicht. Das ist auch bei Geschäftsessen nicht anders und hat schon für manch langes Gesicht bei deutschen Verhandlungspartnern gesorgt, die sich auf ein opulentes Mahl gefreut hatten.

Das, ein opulentes Mahl, gibt es dann gegen Abend, wobei man als ausländischer Gast allerdings eher selten einmal dazu geladen wird, da das Abendessen (*avondeten* oder *avondmaal*) der Familie vorbehalten ist. Ist man am späten Nachmittag mit Niederländern zusammen, merkt man, dass es etwa gegen halb sechs plötzlich unruhig wird. „*De aardappelen staan op*", die Kartoffeln stehen auf dem Herd, heißt es dann, und einer nach dem anderen steht auf, um pünktlich zum Abendessen zu Hause zu sein.

Dort, zu Hause, wird dann warm gegessen. Es kommt Deftiges auf den Tisch: ein *stamp-* oder *hutspot*, also ein gestampfter Kartoffel-Gemüse-Eintopf, *gehaktballen met aardappelpuree* (Frikadellen mit Kartoffelpüree), aber auch gern einmal Spaghetti Bolognese, Pizza oder etwas Leckeres vom *afhaalchinees*, das heißt ein Gericht vom Abhol-Chinesen oder -Indonesier um die Ecke. Als Nachtisch (*toetje*) gibt es *vla* aus der Packung, eine Art Pudding, oder es gibt Joghurt, ebenfalls stilvoll aus der Packung kredenzt. Den krönenden Abschluss bildet fast immer eine Tasse starken Kaffees. **(→ Koffie / Die niederländische Küche)**

Eurospeak und Abkürzungen

Eine Sprache lernt man am besten in dem Land, wo sie gesprochen wird. Diese universelle Regel gilt für jedes Land – außer vielleicht für die Niederlande. Denn Niederländer sind so stolz auf ihre Fremdsprachenkenntnisse und ihre Weltoffenheit, dass sie Ausländern, die versuchen, bei ihnen ihre mühsam erworbenen Niederländischkenntnisse anzuwenden, kaum eine Chance dazu geben, sondern postwendend auf Englisch antworten.

Dieses Englisch ist allerdings oft gewöhnungsbedürftig – wenn man es denn überhaupt versteht. Grundlage des niederländischen Englisch ist der *Eurospeak*, also eine Art Gemeinschaftsenglisch, das sich im Laufe der Jahre in der europäischen Zusammenarbeit entwickelt hat, sich wenig um die sprachlichen und grammatischen Finessen des *British* oder *American English* schert und mit schätzungsweise 300 Wörtern auskommt. Das Problem ist jedoch, dass Niederländer dieses *English light* auf niederländische Weise – sprich nuschelnd – aussprechen und zudem konsequent das *u* zum *ü* machen. Aus der Frage, ob man eine Tasse Kaffee haben möchte, wird dann also: „Wutt ju laik ä küp of koffie?" und aus der *lump sum*, dem „Pauschalbetrag", die „lümp süm". Für den anstehenden Stadtbummel wird dem ausländischen Gast „mütsch fün" gewünscht, und die knapp verpasste Straßenbahn quittiert der gestresste Großstadtniederländer standesgemäß mit einem „Fück!".

Deutsche Niederländisch-Sprachschüler haben es zumindest in der Hinsicht etwas einfacher, dass ihr niederländisches Gegenüber statt auf Englisch gern auch auf Deutsch antwortet. Dieses Deutsch, das die Niederländer *Steenkolenduits*, **(→) Steinkohlendeutsch**, nennen, funktioniert nach demselben Prinzip wie der *Eurospeak* – deutsch klingendes Wort, niederländisch ausgesprochen – doch aufgrund der Ähnlichkeit unserer beiden Sprachen ist es wesentlich besser zu verstehen. Oft resultieren daraus jede Menge lustige Formulierungen, wie: „Auf unsere Schule lehren wir drei fremde Zahlen: Englisch, Deutsch und Französisch", oder auf dem Campingplatz: „Können wir hier vonnacht kämpfen?"

„Ausländer können noch so fließend, wenn auch vielleicht nicht ganz akzentfrei Niederländisch sprechen – wenn Niederländer merken, dass sie nicht aus den Niederlanden kommen, reagieren sie in Geschäften und an den Schaltern häufig mit Eurospeak-Englisch oder Stotterdeutsch", hat der Niederländisch-Dozent Dik Linthout (2010, S. 173 f.) beobachtet. „Es scheint, als ob Niederländer mit Hilfe ihrer Sprache unter sich bleiben und eine gewisse Intimität bewahren wollen. Diplomaten beklagten sich darüber, dass das Erlernen der niederländischen Sprache für sie praktisch sinnlos gewesen sei. ‚*Zegt u het maar in het Duits, dan krijgen wij geen misverstanden*' – Sagen Sie es nur auf Deutsch, dann kriegen wir keine Missverständnisse – bekam ein Botschafter zu hören. Und auch Versuche, im Freundeskreis Niederländisch zu sprechen, stoßen auf wenig Beifall, da die niederländischen Gesprächspartner dann gern mit einem – nicht selten auch noch viel schlechteren – Englisch oder Deutsch reagieren."

Eine weitere Hürde beim niederländischen Spracherwerb ist die Marotte der Niederländer, alles abzukürzen, was sich irgendwie abkürzen lässt. Schlägt man als Sprachschüler eine niederländische Zeitung auf, bleibt die Hälfte der Artikel schlichtweg deshalb unverständlich, weil dort mit größter Selbstverständlichkeit Abkürzungen verwendet werden, die als bekannt vorausgesetzt werden. So etwas wie *RvB* (*Raad van Bestuur*, Vorstand) oder *BN*, das für *Bekende Nederlander*, bekannter (prominenter) Niederländer, steht.

Ungewöhnlich für uns ist auch, dass Vornamen – in amtlichen Briefen, in Literaturverzeichnissen und sogar auf den Buchumschlägen selbst – oft mit den Initialen abgekürzt werden. So wissen nur wenige, dass das „J.J." bei dem Romanautor J.J. Voskuil für „Johannes Jacobus" steht – wobei der Rufname schlicht „Han" lautete. Ein anderer großer niederländischer Autor geht sogar so weit, dass er bisweilen nur noch unter seinen Initialen „A.F.Th." – für Adrianus Franciscus Theodorus (Rufname: Adri) – publiziert. **(→ Niederländische Literatur)**

Briefe und Rundmails fangen in den Niederlanden gern einmal mit *L.S.* (*Lectori salutem* – ein Gruß an den Leser) an und hören mit *mvg* (*met vriendelijke groet*) auf, dazwischen wimmelt es von Abkürzungen wie *a.u.b.* oder *s.v.p.* (*alstublieft*, *s'il vous plaît* – bitte), *z.s.m.* (*zo spoedig mogelijk* – so bald wie möglich), *t./m.* (*tot en met* – bis einschließlich), *i.v.m.* (*in verband met* – im Zusammenhang mit), *m.a.w.* (*met andere woorden* – mit anderen Worten) *e.c.* oder *e.g.* (*exempli causa* oder *gratia* – beispielsweise).

Und das ist erst das, was sich – mit ein wenig Glück, wenn es sich nicht um selbstgebastelte Abkürzungen handelt – im Wörterbuch nachschlagen lässt. Zusätzlich gibt es im Niederländischen jede Menge Abbreviaturen, die sich auf bestimmte Fachgebiete beziehen. Beispielsweise schreibt man sich als Schüler im Anschluss an das *VMBO* oder das *HAVO* an einem *ROC* für eine Berufsausbildung im *MBO* ein – vorzugsweise in einem *BOL*-Ausbildungsgang mit integrierter *BPV*, in dem neuerdings nach *CGO* unterrichtet wird **(→ niederländisches Bildungswesen)**. Und wenn man sich streng an seinen *PAP* hält – nicht zu verwechseln mit dem *POP* –, ist man dann irgendwann ausgebildeter *Operator A* oder *B*. Alles klar? Wenn nicht, grämen Sie sich nicht, denn Sie stehen nicht allein da: Auch viele Niederländer finden sich in diesem Abkürzungsdschungel nur mühsam zurecht.

Doch es geht noch extremer. Mehr und mehr Organisationen in den Niederlanden gehen dazu über, ihre Abkürzung gleich als Eigennamen zu verwenden – weil es angeblich besser für das *Branding* ist. So wird es dann für einen Außenstehenden vollends unmöglich zu erkennen, was sich etwa hinter dem Namen *ITS* verbergen könnte (nämlich das ehemalige *Instituut voor Toegepaste Sociale Wetenschappen*, ein wissenschaftliches Institut für angewandte Sozialforschung in Nijmegen). Auf seiner Homepage stellte sich das Institut nach der Markenpolitur mit den Worten vor: „Das ITS ist ein Not-for-profit-Forschungsinstitut" – was die Sache immerhin insofern klarer macht, dass man nun weiß, dass dort Forschung betrieben wird, bei der es nicht ums Geld geht. Worum es dann aber wohl geht – nämlich um „angewandte Sozialwissenschaften" – erfährt man hingegen nicht mehr.

Wer jedoch wirklich etwas auf sich hält, schafft sogar die Abkürzung selbst ab. Mit diesem Phänomen wird etwa konfrontiert, wer in den Niederlanden eine Berufsausbildung an einem ROC, einem Regionalen Ausbildungszentrum, machen möchte. Manche dieser ROCs haben im Laufe der Zeit das Kürzel „ROC" abgelegt und heißen nun nur noch *Rijn Ijssel* oder *Noorderpoort*. Offenbar gehen solche Institutionen davon aus, dass der interessierte Laie auch ohne Funktionsbezeichnung weiß, worum es sich handelt, nämlich, wie „das Rijn Ijssel" auf seiner Homepage schreibt, um „ein starkes, ansprechendes Bildungsunternehmen für die Berufsbildung auf Sekundarniveau und die Erwachsenenbildung in Arnheim und Umgebung".

Diese Art der Selbstpräsentation empfinden wir als ebenso merkwürdig und skurril wie die Tatsache, dass man bei Internetrecherchen oft die größten Schwierigkeiten hat, herauszufinden, was sich bei einer Organisation hinter all den wolkigen Formulierungen und ominösen Abkürzungen an konkreten Inhalten verbirgt. Häufig würde man sich schon freuen, wenn sich eine Adresse oder eine Telefonnummer finden ließe, an die man sich mit seiner Frage wenden könnte. Vielleicht hat dies mit der etwas eigenen niederländischen Auffassung von Dienstleistung zu tun. Doch davon mehr an anderer Stelle **(→ Schöne neue Dienstleistungswelt)**.

Euthanasie

Die Niederlande gehören, neben Belgien und Luxemburg, zu den wenigen Ländern in Europa, die die aktive Sterbehilfe gesetzlich geregelt haben. Mit dem am 1. April 2002 in Kraft getretenen Gesetz *Toetsing levensbeëindiging op verzoek en hulp bij zelfdoding* (etwa: Prüfung der Sterbehilfe auf Verlangen und Hilfe zur Selbsttötung) wurde eine seit 1985 bestehende *gedoogde* **(→ Gedoogbeleid)**, das heißt geduldete Praxis in Gesetzesform gegossen. Jeder Bürger ab 16 Jahren kann eine „Euthanasieerklärung" aufsetzen, in der er seine eigene Sterbehilfe regelt, für den Fall der Fälle, dass er seinen Willen nicht mehr persönlich äußern kann.

Euthanasie ist in den Niederlanden also nicht, wie bei uns, strafbar. Voraussetzung ist allerdings, dass sie von einem Arzt vorgenommen und anschließend bei einer regionalen Prüfungskommission angezeigt wird. Außerdem müssen folgende Bedingungen erfüllt sein:

1. Der Arzt hat sich davon zu überzeugen, dass der Patient freiwillig und wohlüberlegt um Sterbehilfe bittet;
2. er muss überzeugt sein, dass das Leiden des Patienten unerträglich ist und keine Hoffnung auf Besserung besteht;
3. er muss den Patienten über dessen Situation und seine Aussichten informieren,
4. gemeinsam mit ihm zu der Überzeugung gelangt sein, dass es für die Situation, in der sich der Patient befindet, keine vernünftige alternative Lösung gibt,
5. er sich mit mindestens einem weiteren, unabhängigen Arzt berät, der den Patienten gesehen und ein schriftliches Urteil über die Erfüllung der Bedingungen 1 bis 5 abgegeben hat, und
6. er muss die Sterbehilfe oder die Hilfe zur Selbsttötung sorgfältig und auf dem Stand der medizinischen Kunst durchführen.

Trotz des Euthanasiegesetzes gibt es in den Niederlanden kein „Recht auf Sterbehilfe". Es unterliegt der Gewissensentscheidung des behandelnden Arztes, ob er der Bitte des Patienten nachkommt oder nicht. Auch Pflegepersonal oder Apotheker dürfen die Beihilfe zur Euthanasie ablehnen, ohne dadurch Nachteile zu erleiden.

Sterbehilfe wird in mehr als 80 Prozent der Fälle von Menschen in Anspruch genommen, die an Krebs im Endstadium leiden. Die Euthanasie kann zu Hause durchgeführt werden. Der Arzt verabreicht dann eine tödliche Arzneidosis, in den meisten Fällen ein starkes Barbiturat, also ein Schlafmittel.

2009 gab es etwa 2.636 – gemeldete – Fälle von Sterbehilfe. 2008 waren es noch 2.331 – eine Steigerung um 13 Prozent, mit der sich die Entwicklung aus den vorangegangenen Jahren fortsetzte. So lag die Zahl der angezeigten Fälle 2006 noch bei gut 1.900. Wie hoch die Zahl der nicht gemeldeten Fälle ist, weiß niemand. Obwohl drei Viertel aller Niederländer die Sterbehilfe befürworten, regte sich starker Widerstand, als die „Niederländische Vereinigung für ein freiwilliges Lebensende" (NVVE) im Januar 2011 ankündigte, eine *levenseindekliniek* in den Niederlanden eröffnen zu wollen, eine Euthanasieklinik, in der jährlich bis zu 1.000 Menschen Sterbehilfe erhalten können. Diese Pläne scheinen – vorerst – in der Schublade verschwunden zu sein, denn man hört seither nichts mehr davon.

Auch in Deutschland wurde dieses Vorhaben äußerst kritisch beäugt – wie die niederländische Euthanasiepraxis insgesamt. So wurde nach dem Inkrafttreten des niederländischen Euthanasiegesetzes auf die Gefahr hingewiesen, dass viele Niederländer nun Angst haben müssten, von ihren „Lieben" ins Jenseits befördert zu werden, wenn sie anfangen, „lästig" zu werden – und/oder wenn eine hübsche Erbschaft winkt. Im Grenzgebiet kursierten sogar Gerüchte, wonach sich ältere Niederländer verstärkt um Plätze in deutschen Altenheimen bemühen würden, um einer drohenden Euthanasierung durch Angehörige zu entgehen.

Man darf allerdings seine Zweifel daran haben, dass solche Befürchtungen eine reale Grundlage haben. Denn eines der Argumente der *levenseindekliniek*-Befürworter bestand gerade darin, dass viele Ärzte in den Niederlanden zusätzlich zu den gesetzlichen Vorgaben hohe persönliche Anforderungen an die Ausweglosigkeit der Situation eines Patienten stellen, bevor sie bereit sind, ihm Sterbehilfe zu gewähren – wenn sie denn überhaupt grundsätzlich dazu bereit sind.

Feierbiester

Der Niederländer Louis van Gaal ist nicht nur ein gefeierter Fußballtrainer, sondern er spricht auch ein lupenreines *Steenkolenduits* (→ **Steinkohlendeutsch**). 2010, nachdem er als Trainer den FC Bayern München zur deutschen Meisterschaft geführt hatte, sagte er den denkwürdigen Satz: „Ich bin ein Feierbiest." Ins Niederländische rückübersetzt heißt das: „*Ik ben een feestbeest*", also etwa: „Ich bin ein Partyhengst."

Wenn Niederländer feiern, geht es im Großen und Ganzen nicht anders zu als bei uns: Man trifft sich – privat, in einer Kneipe, einem Restaurant oder einem Saal –, isst, trinkt, tanzt vielleicht ein wenig und macht Small Talk. Keine größeren Fettnäpfchen also, in die man als deutscher Laie unbedacht hineintapsen könnte. Dennoch gibt es einige Punkte, in denen sich niederländisches Feiern von unserem unterscheidet – etwa beim *borrel*. „Wir Niederländer laden einander gerne und häufig zu einem *borrel* ein", erklärt Benimmexpertin van Ditzhuyzen (2011, S. 128 f.), „d.h. man trifft sich gegen Abend in geselliger und entspannter Runde, trinkt etwas und isst ein paar Häppchen. [...] Es gibt Geburtstags*borrel*, Büro*borrel*, Abschieds*borrel*, [...] Nachbarschafts*borrel*, ... alles ist möglich. Manche *borrel* werden ganz spontan organisiert (*gezellig* nach Büroschluss mit Freunden oder Kollegen in einer Kneipe *borrelen*), andere finden auf einer wöchentlichen oder monatlichen Basis statt (z.B. im Verein, im Klub oder im Betrieb,...)". Auch im Anschluss an eine offizielle Veranstaltung – eine Sitzung, einen Vortrag oder eine Tagung – gibt es in den Niederlanden in aller Regel einen *borrel*.

Borrel kann zweierlei bedeuten: einen Schnaps oder einen Umtrunk. In manchen Fällen ist dies dasselbe, doch meist werden bei einem *borrel* lediglich leicht alkoholische und antialkoholische Getränke gereicht. Dazu gibt es eine Kleinigkeit zum Knabbern: *pinda's* (Erdnüsse), *kaasblokjes* (Käsewürfel mit Senf) – und *bitterballen. Bitterballen* sind kleine, frittierte Bällchen aus Fleischragout, die heiß mit Senf serviert werden – und *heiß* bedeutet *verdammt heiß*; der Kenner isst erst ein kleines Stück von der Hülle und testet vorsichtig, ob der Rest schon weit genug abgekühlt ist, um sich nicht den Mund zu verbrennen. Wird ein Schnaps serviert, handelt es sich meist um *jenever*. Ein *jenever* kann das sein, was wir als Genever oder Gin (Wacholderschnaps) kennen, oder auch Korn.

Niederländische *borrel* finden meist in einer netten, gelösten Atmosphäre statt und bieten daher eine gute Gelegenheit, miteinander ins Gespräch zu kommen. Da die Niederlande relativ klein sind und man sich ohnehin häufig in denselben Kreisen bewegt, baut man sich auf diese Weise rasch ein engmaschiges Netz an Kontakten auf. Man steht beieinander, redet über das **(→) Wetter**, macht ein paar Scherze – und erkundigt sich bei seinem Gesprächspartner nebenbei nach dem Stand der Dinge. So bleibt man immer ein bisschen auf dem Laufenden und hält den Draht.

Insbesondere Geburtstage bieten in den Niederlanden eine gern ergriffene Gelegenheit zum Feiern. „Um nicht zu vergessen, wer wann Geburtstag hat, hat fast jeder Niederländer in seinem WC einen sogenannten Geburtstagskalender hängen" (van Ditzhuyzen 2011, S. 130). Eine Besonderheit: Wenn man in den Niederlanden zum Geburtstag eingeladen ist, gratuliert man nicht nur der Hauptperson zu ihrem Jubelfest, sondern *allen* Anwesenden.

Der 50. Geburtstag wird in den Niederlanden auf besondere Weise gefeiert. Wird man 50, hat man, wie es heißt, „Abraham" (wenn es sich um einen Mann handelt) beziehungsweise „Sara" (bei einer Frau) „gesehen", zwei Namen, die sich auf den biblischen Propheten und seine Frau beziehen. Das *feestvarken* (Geburtstagskind) bekommt an seinem Jubeltag dann eine Puppe aus Spekulatius, Blätterteig, Stoff oder Ähnlichem überreicht. Dieser etwas dubiose Brauch soll (angeblich) auf eine noch dubiosere Stelle im Johannes-Evangelium (8,57) zurückgehen, in der es heißt: „Die Juden entgegneten: Du bist noch keine fünfzig Jahre alt und willst Abraham gesehen haben?"

Doch wer die niederländischen „Feierbiester" einmal so richtig in ihrem Element erleben will, sollte am 30. April, dem *Koninginnedag* (Königinnentag) **(→ Feiertage)**, nach **(→) Amsterdam** fahren. Die Stadt ist dann ein einziges Meer aus orangefarbenen Fahnen, Wimpeln, Kleidungsstücken und Perücken. Ausflugsboote verstopfen die Grachten, die Menschen drängen sich in den Straßen und ziehen an den zahllosen Flohmarktständen vorbei, um ihrem Nationalsport zu huldigen, der Schnäppchenjagd. Sie tanzen, singen und lachen oder lassen es sich bei einem *pilsje* – oder auch zweien – gut gehen.

Feiertage

Die Niederländer schauen immer etwas neidisch in Richtung Deutschland, wenn es um die Zahl der Feiertage geht, die wir uns genehmigen. Dabei haben sie, wenn wir einmal ehrlich sind, wenig Grund zu klagen. Zwar gibt es in den Niederlanden tatsächlich weniger Feiertage – zumindest als in Nordrhein-Westfalen oder Bayern –, doch das wird doppelt und dreifach aufgewogen durch die vielen festen (Schul-) Ferien, *vakanties* genannt, zu denen unter anderem die *krokus*- oder *carnavalvakantie* im Frühjahr oder die *tulp*- oder *meivakantie* im Mai gehört. Für Arbeitnehmer gibt es dann noch die sogenannten *verplichte vrije dagen*, Brückentage zwischen einem donnerstäglichen Feiertag und dem Wochenende, an denen der ganze Betrieb dicht macht. Um es einmal so zu formulieren: Es gibt immer wieder Zeiten in den Niederlanden, wo man kaum jemanden an seinem Arbeitsplatz antrifft – während bei uns fleißig gearbeitet wird.

Die niederländischen Feiertage lassen sich in drei Kategorien unterteilen: nationale, gesetzliche und sonstige Feiertage. Zu den nationalen Feiertagen zählen der *Koninginnedag* **(→ Oranje boven)**, der Königinnentag am 30. April, und der *Bevrijdingsdag*, der Tag der Befreiung von der deutschen Besatzung nach dem Zweiten Weltkrieg am 5. Mai **(→ Besatzung und Widerstand)** – wobei der *Bevrijdingsdag*, anders als der *Koninginnedag*, nicht immer und für alle Arbeitnehmer frei ist.

Gesetzliche – und arbeitsfreie – Feiertage sind der 1. Januar (*Nieuwjaarsdag*), Ostersonntag und -montag (*Pasen*), *Hemelvaartsdag* (Christi Himmelfahrt, wie bei uns 39 Tage nach Ostern und immer an einem Donnerstag), Pfingstsonntag und -montag (*Pinksteren*) sowie der erste und zweite Weihnachtstag (*Kerstmis*). Der Karfreitag (*Goede Vrijdag*) fällt, je nach weltanschaulicher Orientierung des Arbeitgebers, in die Kategorie des *verplichte vrije dag*, ist aber im Prinzip ein normaler Arbeitstag.

Sonstige Feiertage sind, wie bei uns, etwa der 14. Februar (*Valentijnsdag*), Muttertag (*Moederdag*), Vatertag (*Vaderdag*, nicht wie bei uns zu Himmelfahrt, sondern am 3. Sonntag im Juni), Sankt Martin, *Sint Maarten*, am 11. November oder Pakjesavond am 5. Dezember beziehungsweise das **(→) Sinterklaas**-Fest am 6. Dezember. Zusätzlich gedenkt man in den Niederlanden bei der *Nationale Dodenherdenking* am 4. Mai der durch Kriege umgekommenen Soldaten und Zivilisten.

Zwei Dinge fallen auf, wenn man sich die niederländische Feiertagsliste ansieht. Erstens: Der 1. Mai (*Dag van de Arbeid*) ist in den Niederlanden, anders als der Koninginnedag einen Tag zuvor, kein arbeitsfreier Tag. Zweitens gibt es eine Reihe von Feiertagen, die nur für die zum **(→) Königreich der Niederlande** gehörenden Antilleninseln **(→ Kolonialgeschichte)** gelten, die sogenannten „Flaggentage". Der Tag der Arbeit am 1. Mai ist auf drei der insgesamt sechs Karibikinseln des Königreichs ein offizieller Feiertag.

Fietsen

Egal, ob es regnet, stürmt oder schneit: Das bevorzugte Fortbewegungsmittel der Niederländer ist und bleibt das Fahrrad – beziehungsweise *fiets*, wie sie es liebevoll nennen. Sie nehmen es sogar, aufs Autodach geschnallt, mit in den Urlaub, und für den Fall, dass die Fahrradfahrt durch eine Zugfahrt unterbrochen werden muss, haben sie ein *vouwfiets*, ein „Faltfahrrad", bei sich, das sich zusammengeklappt bequem zwischen den Sitzen transportieren lässt.

In den Niederlanden fahren alle Fahrrad – sogar die Königin und der Ministerpräsident. Aber das Land und seine Verkehrsinfrastruktur sind auch danach. Alles ist schön flach und eben (bis auf den Süden, wo man – mit dem Vaalserberg bei Maastricht – sogar einen richtigen, fast 330 Meter hohen (!) Berg hat), so dass kaum anstrengende Steigungen zu überwinden sind **(→ Niederländische Bergwelt)**. Außerdem gibt es fast überall *fietspaden*, Fahrradwege, und *ventwegen*, das heißt Parallelstraßen zu den Hauptverkehrswegen, auf denen es sich bequem *fietsen* lässt. In den Städten stehen vor fast jedem Haus Fahrradständer, wo man sein Fahrrad abstellen und, vor allem, *op slot zetten*, das heißt anschließen kann. Denn Fahrraddiebstahl ist ein großes Thema in den Niederlanden, vor allem in Großstädten wie **(→) Amsterdam** und Rotterdam.

In puncto Fahrräder fallen in den Niederlanden insbesondere zwei Dinge auf: Zum einen fahren die meisten Radfahrer mit wahren Schrottvehikeln herum, die gerade noch ihren Zweck erfüllen, den *fietser* halbwegs heil von A nach B zu bringen, und zum anderen trägt kaum jemand einen Fahrradhelm. Ersteres hat sicher damit zu tun, dass es wohl niemanden gibt, dem nicht schon eine Reihe von Fahrrädern gestohlen wurde, so dass es sich nicht lohnt, viel in sein Alltagstransportmittel zu investieren – häufig ist der Wiederverkaufswert des Fahrradschlosses dreimal so hoch wie der des Drahtesel selbst. Und eine Helmpflicht oder auch nur -empfehlung gibt es deshalb nicht, weil der niederländische Gesetzgeber fürchtet, dass diese den Bürgern den Spaß am *fietsen* verderben könnte und sie dann in Scharen auf das Auto umsteigen würden. Gerade in den größeren Städten hätte das den sofortigen Verkehrskollaps zur Folge.

Von dem sehr leichten und windschnittigen *vouwfiets* war eben schon die Rede. Das Gegenstück dazu ist das sogenannte *bakfiets*, ein sehr schweres, etwas klobig wirkendes Fahrrad mit einer großen Ladefläche, dem *bak*, zwischen Lenker und Vorderrad. Das *bakfiets* wird gern benutzt, wenn es um den Transport größerer Gegenstände und Kindern – aber auch die Organisation kleinerer Umzüge – in den Altstadtbezirken (etwa von Amsterdam) mit ihren engen Grachten und Gassen geht.

Bakfiets

Woher die Bezeichnung *fiets* kommt, ist bis heute nicht klar. Lange dachte man, dass sie von einem Stellmacher aus Wageningen mit dem Namen E.C. Viets stammt, der bereits um 1880 herum Fahrräder gebaut hatte. Es klang plausibel. Doch dann entdeckte jemand, dass das Wort schon 1870 im Niederländischen vorkam – also zehn Jahre früher –, allerdings damals noch nicht sehr gebräuchlich war. Eine andere Erklärung besagt, dass fiets eine Verballhornung des langen und schwer auszusprechenden französischen *vélocipède* sei. So gab es in Twente beispielsweise die Bezeichnung *fielsepee* für „Fahrrad".

Wie dem auch sei, das Fahrrad gehört fest zum festen Bestandteil der niederländischen Kultur. So findet es niemand komisch, wenn, selbst bei einer geschäftlichen Besprechung, die Tür aufgeht, jemand in einer Art Astronautenanzug hereinkommt, von dem das Wasser abperlt, er sich aus seiner Regenkleidung pellt und sich dann, in Schlips und Kragen, aber mit klatschnassen Haaren, an den Verhandlungstisch setzt. Allen Anwesenden ist das Problem vertraut: *fietsen* bei Regen – da kann die Frisur schon mal ihren Halt verlieren. **(→ Wetter)**

Fluchen

(→ Schimpfen und fluchen)

Falsche Freunde

Deutsch und Niederländisch sind Schwestersprachen, die gemeinsame Wurzeln im Niederfränkischen beziehungsweise Niedersächsischen haben. Bis zum Ende des 19. Jahrhundert hieß das Niederländische denn auch noch *Nederduits*, Niederdeutsch. Sicher, das Niederländische hört sich anders an als das Deutsche, doch in Grammatik und Syntax unterscheiden sich die beiden Sprachen kaum. Für den Rest gilt die so genannte „Achtzig-Prozent-Regel", das heißt achtzig Prozent unseres Wortschatzes ist identisch, klingt nur aufgrund der sogenannten „Lautverschiebungen", die das Deutsche im Laufe der Geschichte durchgemacht hat und in der etwa der „a*pp*el" zum „A*pf*el" und der „*d*ag" zum „*T*ag" wurde, etwas anders. Diese starken Übereinstimmungen zwischen den beiden Sprachen hat sich das Goethe-Institut in Amsterdam zunutze gemacht, um einen Niederländisch-Sprachkurs nur für Deutsche anzubieten, in dem die Teilnehmer in sage und schreibe zwei Wochen auf ein gehobenes Fortgeschrittenenniveau gebracht werden.

Die Achtzig-Prozent-Regel

Die enge Verwandtschaft führt jedoch auch zu Problemen, insbesondere dem der sogenannten „falschen Freunde". Falsche Freunde sind Wörter, denen man glaubt, blind vertrauen zu können, weil man sie schließlich ein Leben lang kennt, und die sich dann im Härtefall plötzlich als wahre Verräter entpuppen. Dik Linthout (2009, S. 231) präsentiert dazu in seinem Buch das folgende Beispiel aus seinem häuslichen Umfeld:

> „Meine deutsche Schwiegermutter – ich bin seit vielen Jahren mit einer Deutschen verheiratet – spricht kein Englisch, und das Deutsch meiner Mutter ist eine oft sehr gewöhnungsbedürftige Eigenschöpfung. Als meine Mutter einmal als Nachspeise *vruchtenvla* servierte [Früchtepudding aus der Packung], war meine Schwiegermutter vor allem von dem ihr völlig unbekannten Vla sehr angetan, und sie fragte meine Mutter: ‚Annie, hast du das selbst gekocht?', woraufhin meine Mutter wahrheitsgemäß antwortete: *‚Ja, Kriemhild, dat hab ich selbst gekocht'* – denn das deutsche Wort „gekocht" bedeutet auf Niederländisch ‚gekauft'."

Etwas verhaltener dürfte das Lachen dagegen bei einem Treffen von niederländischen und deutschen Handelspartnern in der Euregio Gronau ausgefallen sein. Der niederländische Gastgeber hatte als Referentin eine sehr erfolgreiche Unternehmerin aus der Region eingeladen, die er mit den Worten einführte: „Meine Damen und Herren, es freut mich, ihnen Frau Meijer vorstellen zu können. *Sie ist eine Professionelle*" (zit. nach Meijer 2007).

Umgekehrt gibt es die folgende Anekdote: Eine deutsche Studentin in Amsterdam wird von einer niederländischen Mitstudentin gefragt, wie es ihr denn in ihrem Studentenwohnheim gefalle. Bis dahin war sie mit allen Mitbewohnern problemlos klargekommen. Also antwortete sie: *„O, tot nu toe ben ik met iedereen zonder problemen klaargekomen*". Erstaunt fragte die Niederländerin zurück: "*Echt? Met iedereen*?" – Wirklich, mit jedem? Denn *klaarkomen* bedeutet im Niederländischen nicht, was es bei uns bedeutet, sondern „einen Orgasmus bekommen".

Von solchen „falschen Freunde", denen man nicht vertrauen kann, gibt es eine ganze Menge – hier eine kleine Auswahl:[7]

7 Vgl. Linthout 2010, S. 150 f.

niederländische Entsprechung	**Deutsch**		**Niederländisch**	**deutsche Entsprechung**
toen, dan, als	als		als	wenn, wie
blaffen	bellen		bellen	anrufen, klingeln
hard, gemeen	brutal		brutaal	frech
mogen	dürfen		durven	sich trauen
expres, speciaal, apart	klappen		klappen	klatschen
lusten, aardig vinden	mögen		mogen	dürfen
leuk, aardig	nett		net	gerade, soeben
zeldzaam	rar		raar	seltsam
raar	seltsam		zeldzaam	selten
erg	schlimm		slim	schlau
hoe, als	wie		wie	wer

Man muss jedoch keine Angst haben, als Deutscher in den Niederlanden völlig missverstanden zu werden, sobald man es wagt, den Mund aufzumachen. Denn aus dem Kontext wird dem etwas anderssprachigen Nachbarn meist sofort klar, was man meint – selbst wenn ein falscher Freund dabei ist. So beschrieb eine Leserin der Tageszeitung *NRC Handelsblad*, wie sie Zeugin eines Vorfalls auf einer deutsch-niederländischen Baustelle wurde, bei dem ein niederländischer *uitvoerder*, also ein Bauleiter oder Polier, einem deutschen Bauarbeiter die folgende Arbeitsanweisung gab:

> *„Du neemt das stuk und dan legt du die waterpas derauf, links vier centimeter afmeten, rechts zwei centimeter – vastmachen, und dan kann das worden abgezaagt.“*[8]

Nachdem der Deutsche beteuert hatte, „alles verstanden“ zu haben, wandte sich der Chef seinem Landsmann zu und sagte: „So, und jetzt werde ich das für dich noch mal auf Niederländisch wiederholen.“

Der bereits erwähnte Dik Linthout, Niederländisch-Dozent und Deutschland-Experte, rät deshalb zur Gelassenheit, was die Anwendung der Sprachkenntnisse be-

8 Vgl. Linthout 2009, S. 225.

trifft, und zwar sowohl in die eine wie in die andere Richtung. Seinen Landsleuten etwa kann er glaubhaft versichern: „Eine Mitteilung wie *‚Die Mann, die da auf die Ecke steht, mit die Hände in die Säcke und die Hut auf …'* wird von den meisten Deutschen viel besser verstanden und begriffen als etwa ein Oberbayer, der dasselbe auf Oberbayrisch zu sagen versucht" (Linthout 2008, S. 45).

Frysk

Nur wenige Außenstehende wissen, dass es neben dem Niederländischen noch eine zweite Amtssprache in den Niederlanden gibt, oder zumindest in einem Teil des Landes: Friesisch oder *Frysk*, das in der nördlich gelegenen Provinz Friesland gesprochen wird. *Frysk* hat den Status einer Minderheitensprache und ist durch die Europäische Charta der Regional- oder Minderheitensprachen geschützt – so wie bei uns das Nordfriesisch in Schleswig-Holstein oder das Saterfriesisch, also die Überreste des Ostfriesischen, in Niedersachsen.

Frysk, das auch als Westfriesisch bezeichnet wird, stammt vom Altfriesischen ab, das wiederum viele Gemeinsamkeiten zum Altenglischen aufweist. Die friesische Sprache wird von der niederländischen Regierung als offizielle Minderheitensprache anerkannt und ist die Amtssprache in der Provinz Friesland. Das heißt, sie wird, wenn auch in begrenztem Maße, in der Rechtsprechung der Provinz verwendet und im Schulunterricht gesprochen. Friesisch ist aber auch im lokalen Radio und Fernsehen zu hören. 1997 wurde die amtliche Bezeichnung der Provinz offiziell von „Friesland" in „Fryslân" geändert, seit 2004 wird von Seiten des niederländischen Staates streng darauf geachtet, dass dieser Name in den amtlichen Dokumenten auch tatsächlich verwendet wird. Im allgemeinen Sprachgebrauch hat es sich jedoch niemals durchsetzen können, so dass man bis heute von „Friesland" spricht, wenn man „Fryslân" meint.

Während in Deutschland das Nordfriesisch nur noch von 7.000 Menschen aktiv gesprochen wird und das Saterfriesisch gar nur noch von 1.500 bis 2.500, ist das westfriesische *Frysk* mit knapp einer halben Million Sprechern noch sehr lebendig. Damit dies auch so bleibt, betreibt der niederländische Staat eine aktive Sprachenpolitik. So können Schüler der weiterführenden Schulen *Frysk* als Examensfach wählen oder die Sprache an der Rijksuniversiteit Groningen studieren. Allerdings scheint das Interesse am Friesischstudium außerhalb Frieslands nicht sonderlich hoch zu sein:

2010 gab es nicht einen Studenten, der sich für das Fach einschreiben wollte, und an der Universiteit van Amsterdam ist das Studium inzwischen sogar als eigenständiges Fach abgeschafft worden.

Immerhin scheint die friesische Literatur in den Niederlanden zu blühen. So gibt es nicht nur eine Reihe friesischer Autoren, die auf *Frysk* publizieren, sondern es liegen inzwischen selbst Werke niederländischsprachiger Autoren in friesischer Übersetzung vor – wie etwa der berühmte Roman *Kaas* (Käse) des Flamen Willem Elsschot, der in *Frysk* den Titel *Tsiis* trägt.

Fußball

Im Verhältnis zwischen den Niederländern und den Deutschen eignet sich kein Thema so sehr für Frotzeleien und Witze wie der Fußball. Etwa dieser: Was macht ein Niederländer, wenn er die Fußball-WM gewinnt? Antwort: Er schaltet die Playstation aus und legt sich schlafen.

Oder auch dieser: Die Lehrerin in der Schule fragt die Schüler, welchen Beruf ihr Vater ausübt? Jan, der mit seinen Eltern aus den Niederlanden nach Deutschland gezogen ist, antwortet: „Mein Vater ist Nackttänzer in einer Schwulenbar." „Aber Jan", antwortet die Lehrerin, „dein Vater ist doch Fußballer und spielt in der holländischen Nationalelf! Warum hast du das nicht gesagt?" Jan: „Weil ich mich geschämt habe."

Doch es gibt sie natürlich auch andersherum, die niederländischen Fußballwitze, die sich gegen die Deutschen richten: Jürgen Klinsmann hat die ersten beiden Gruppenspiele der deutschen Nationalmannschaft 4-0 verloren und ruft seinen Trainerkollegen Marco van Basten an, um sich Rat bei ihm zu holen. Klinsmann: „Marco, ich habe alles versucht, aber ich weiß nicht mehr, was ich noch tun soll, damit die Mannschaft wieder ein ordentliches Spiel abliefert. Hast du nicht eine Idee?" Van Basten: „Wenn es bei meinen Jungs mal schlecht läuft, lasse ich sie eine Partie gegen Pappfiguren spielen. Das stärkt ihr Selbstvertrauen." Klinsmann bedankt sich und legt auf. Zwei Stunden später klingelt das Telefon erneut bei van Basten – wieder Klinsmann: „Wir haben fünf Minuten gespielt und liegen mit 3-0 im Rückstand. Was soll ich jetzt tun?"

Das Drama begann im Finale der Weltmeisterschaft 1974, als die deutsche *Mannschaft*, wie sie im Niederländischen genannt wird, dem Team von *Oranje* den bereits sicher gewähnten Sieg raubte, und zwar völlig unverdient, wie die Niederländer noch heute finden. Besondere Verbitterung löste dabei die „Schwalbe" von Bernd Hölzenbein aus – ein Wort, das in der Folge sogar Eingang in die niederländische Sprache fand (*de schwalbe*; Mehrzahl: *schwalbes*) und Hölzenbein selbst den zweifelhaften Titel des „Schwalbenkönigs" eintrug. „Als Hölzenbein in seiner Funktion als Vizepräsident des Bundesligavereins Eintracht Frankfurt wegen Veruntreuung von Transfergeldern zu sieben Monaten Haft auf Bewährung verurteilt wurde, zeigte sich, wie sehr gerade er einen Teil des kollektiven niederländischen Fußballgedächtnisses ausmachte", erinnert sich der Niederländer Dik Linthout (2010, S. 74). „Die Schadenfreude hierzulande war groß: alle niederländischen Tageszeitungen erwähnten diese triviale Nachricht über die Verurteilung auf der Titelseite. Denn wir hatten es schließlich immer schon gewusst, dass man diesem Bernd H. nicht trauen konnte – und gut dreißig Jahre später lieferte die deutsche Justiz den nachträglichen Beweis dafür".

Mit der Niederlage von 1974 wurde Deutschland zum „Lieblingsfeind" der niederländischen Fußballnation. Umgekehrt dauerte es etwas länger: bis zur Europameisterschaft 1988. Ungläubig rieben sich die deutschen Zuschauer die Augen, als sich der niederländische Nationalspieler Ronald Koeman nach dem gewonnenen Halbfinale gegen *die Mannschaft* demonstrativ das Hinterteil mit dem Trikot von Olaf Thon abwischte. Es kam anschließend zu tumultartigen Szenen im Stadion.

Wer jedoch glaubte, dass sich ein solcher Vorfall nicht mehr toppen ließ, wurde bereits zwei Jahre später eines Besseren belehrt. Während des Achtelfinales der Fußballweltmeisterschaft 1990 trafen die Niederlande erneut auf die deutsche Nationalmannschaft. Dabei kam es zu einem Skandal, als der niederländische Mittelfeldspieler Frank Rijkaard den deutschen Stürmer Rudi Völler beim Stand von 0-0 anspuckte. Beide flogen daraufhin vom Platz.

Der Koeman-Vorfall wie auch die „Spuck-Attacke" lösten in Deutschland einen starken antiniederländischen Reflex aus und wurden danach immer wieder in deutschen Medien aufgegriffen. So schrieb etwa die satirische Zeitschrift *Titanic* noch 1995, aus Anlass einer Beinahe-Überflutung weiter Teile der östlichen Niederlande:

> „Tja, Käsköppe, jetzt habt Ihr's mit der Angst zu tun gekriegt, wie? Da seid Ihr zu Hunderttausenden aus Euren Poldern gekrochen, was? Weil unser Vater Rhein Euch beinah die Deiche durchweicht hätte, he? Das kommt davon, wenn man anderer Leute Nationalspieler anspuckt und sich mit anderer Leute Nationaltrikots den Hintern abwischt. Ein Fluss vergisst nicht." (zit. n. Linthout 2010, S. 78)

Wenig später haben sich zumindest Rijkaard und Völler wieder versöhnt. So sieht man sie auf einem Werbeplakat aus dem Jahr 1996 einträchtig in Morgenmänteln nebeneinander am Frühstückstisch sitzen und Reklame für Butter machen. Die Bildunterschrift lautet: „Mit *Echter Butter* kriegt man sie wieder an den Tisch."

Aber auch zwischen dem deutschen und dem niederländischen Fußballvolk ist wieder alles in Butter. Während der Fußballweltmeisterschaft 2010 konnte man feststellen, dass die Rivalität mittlerweile gegenseitiger Sympathie gewichen ist. Und wie sollte es auch anders sein: In der niederländischen Nationalmannschaft standen sieben Spieler, die bei einem deutschen Bundesligaverein spielten oder dort gespielt hatten; der *bondscoach* Bert van Marwijk war vorher mehrere Jahre Trainer beim BVB

Dortmund gewesen. Da fällt es schon schwer, in ihnen noch einen echten Gegner zu sehen. Doch das brauchten wir zum Glück auch nicht – es kam zu keiner Begegnung zwischen *die Mannschaft* und *Oranje*. So blieb uns die Bewährungsprobe erspart.

Gedoogbeleid

Gedogen bedeutet „dulden", „tolerieren", und *beleid* heißt „Politik". *Gedoogbeleid* ist also eine Politik der Duldung und eine typisch niederländische Erfindung: Man duldet, was man doch nicht verhindern kann, behält die Sache aber scharf im Auge. Die Wurzeln des *gedogen* lassen sich bis weit ins 17. Jahrhundert zurückverfolgen, der Blüteperiode der niederländischen Gesellschaft **(→ Republik der Sieben Vereinigten Niederlande)**. Man lebte vom Handel, und man lebte sehr gut davon. Menschen aus aller Herren Länder strömten ins Land, um ihren Geschäften nachzugehen – darunter so manche, deren Ansichten und Glaubensgrundsätze so gar nicht zum nüchtern-puritanischen Weltbild der calvinistischen niederländischen Bürgerschaft passten **(→ Religion)**. Doch da der Gulden rollen musste und man ihm schließlich nicht ansah beziehungsweise ansehen wollte, aus welch gottlosen Händen er womöglich stammte, sah man über so manches hinweg, was man in den eigenen Kreisen niemals gestattet hätte. Man fing an zu *gedogen.*

Das *gedoogbeleid* wurde zum Stopf- und Schmiermittel der Gesellschaft, zum Kitt, der alles zusammen und die Sache zum Wohle aller am Laufen hielt. Ein gutes Beispiel aus dieser Periode ist etwa das Verhalten der zumeist calvinistisch geprägten herrschenden Schicht gegenüber Andersgläubigen: Katholiken, Lutheranern, Mennoniten oder Remonstranten. Ihnen wurde zwar gestattet, den eigenen Glauben ausüben, doch ihre Gotteshäuser durften nach außen hin nicht als solche erkennbar sein. So entstanden die *schuilkerken*, **(→) Schlupfkirchen**, die äußerlich wie normale Wohnhäuser aussahen, innen jedoch alles boten, was der Andersgläubige zur Religionsausübung benötigte.

Die modernen Schlupfkirchen sind die sogenannten *Coffeeshops*, die sich überall im Lande finden und nur von außen wie Cafés aussehen. Denn öffnet man die Tür, ist es nicht das liebliche Aroma von Kaffee und Kuchen, das einem in die Nase steigt, sondern der würzige Geruch von Marihuana und Haschisch. *Coffeeshops* sind in den Niederlanden lizensierte Verkaufsstellen weicher Drogen – die natürlich, wie bei uns auch, streng verboten sind, deren Verkauf aber, bis zu einer bestimmten Menge, *gedoogd* wird: Pro Person darf bis zu fünf Gramm *hasj* (Haschisch) oder *wiet* (Gras) verkauft werden.

Das Beispiel der *Coffeeshops* macht auch deutlich, welch seltsame Blüten diese Politik der Duldung manchmal treiben kann. So darf ein Coffeeshop-Betreiber zwar *gedoogd* weiche Drogen verkaufen, aber er macht sich strafbar, wenn er sie einkauft.

Das Geschäft kann also nur so lange funktionieren, wie er sich beim Einkauf seiner Ware nicht erwischen lässt. Und noch etwas ist merkwürdig: Obwohl 2008 auch in den Niederlanden ein absolutes Rauchverbot in Restaurants, Kneipen und Cafés eingeführt wurde, gilt dieses nicht für die Coffeeshops – denn dort wird ja kein Tabak, sondern Cannabis geraucht. Apropos Rauchverbot: Macht man einmal eine Kneipentour in einer beliebigen niederländischen Stadt **(→ Horeca)**, wird man feststellen, dass auch hier, zumindest in den kleinen *kroegen* und *cafés*, weitgehend *gedoogbeleid* herrscht und man sich als Raucher keine Sorgen machen muss, vor die Tür geschickt zu werden, wenn das Verlangen nach einer Zigarette übermächtig wird.

Ein gutes Beispiel von *gedoogbeleid* findet sich derzeit auch in der hohen Politik der Niederlande. Seit Oktober 2010 wird das Königreich von einem Kabinett aus Rechtsliberalen (VVD) und Christdemokraten (CDA) regiert, die im Parlament jedoch nur über eine Minderheit verfügen und sich darauf eingelassen haben, von der rechtspopulistischen Partij voor de Vrijheid (PVV) *gedoogd* zu werden. Angeführt wird diese Partei von Geert Wilders, der selbst jedoch alles andere als duldsam ist. So will er etwa den Koran als „islamistischen *Mein Kampf*" verbieten lassen und wendet sich – Ironie des Schicksals – gegen das *gedoogbeleid* bei den Coffeeshops **(→ Umbrüche / Zeitenwende)**.

Geschäftsverhandlungen

Im Allgemeinen lässt sich sagen, dass geschäftliche Kontakte und Verhandlungen zwischen Niederländern und Deutschen unkompliziert und effizient verlaufen. Grundsätzlich sieht man die Dinge ähnlich wie wir, doch es gibt auch Unterschiede, die die niederländische Autorin und Niederlande-Expertin Reinildis van Ditzhuyzen (2011, S. 86) in der folgenden Gegenüberstellung auflistet:

Deutsche	Niederländer
ergebnisorientiert	der Weg ist das Ziel
„Wir wissen“	„Wir denken, schauen, werden versuchen“
hierarchisch	egalitär
Beruf	Funktion
Befehl = Beginn einer Handlungskette	Befehl = Beginn einer Diskussionskette
formell	„locker“
Beschlossen ist beschlossen	Das Ganze von einer anderen Perspektive neu zu durchdenken, ist immer möglich
„Wortmeldung“	durcheinander reden
schriftlich	mündlich orientiert
gründlich, alles wird festgelegt	flexibel, „schauen wir mal“
vorsichtig, kein Risiko, keine Fehler	direkt, pragmatisch, risikofreudig
ernst	machen Witze, relativieren
entweder oder	sowohl als auch
geschlossene Bürotür	offene Bürotür
„Nein, weil…“	„Ja, aber…“
Kompromisse machen = verlieren	Kompromisse machen = gewinnen

Während die deutsche Verhandlungskultur eher ergebnisorientiert ist, geht es bei den Niederländern mehr um den Prozess, den Weg zum Ziel. Dazu gehört vor allem, dass der zwischenmenschliche Kontakt stimmen muss. Akademische Titel und hochtrabende Funktionsbezeichnungen stören da nur – ebenso wie das distanzierte „Sie“. Deshalb wird der niederländische Verhandlungspartner alles daransetzen, um mit seinem Gegenüber auf eine persönliche (Du-) Ebene zu kommen und eine lockere, entspannte Atmosphäre zu schaffen **(→ Duzen und siezen)**. Van Ditzhuyzen (Ebd., S. 89) rät daher: „Seien Sie sich der niederländischen Arbeitsweise bewusst. Lachen Sie über Witze, wenn Sie gerne wollen. Hören Sie sich mit Interesse Urlaubsgeschichten an. Aber passen Sie auf: Verwechseln sie diese gesellige und entspannte Zusammenarbeit nicht mit Freundschaft. Denn die Verhandlungen gehen rücksichtslos weiter."

Ein Unterschied liegt oft auch in den Befugnissen der Teilnehmer an geschäftlichen Verhandlungen, weiß die Unternehmensberaterin und Niederlande-Expertin Ute Schürings zu berichten. So zitiert sie den Leiter der Wirtschaftsabteilung in der niederländischen Botschaft: „Wenn ein Deutscher am Ende einer Verhandlung sagt, er müsse die Vereinbarung noch mit seinem Chef abklären, dann heißt das in der Regel, dass er hinter dem Ergebnis steht. Er muss wirklich erst die Zustimmung des Chefs einholen. Wenn ein Niederländer hingegen sagt, er müsse das Ergebnis erst abklären, kann das bedeuten, dass er nicht damit einverstanden ist, dies aber lieber durch seinen Chef verkünden lässt. Wenn ein Niederländer einverstanden ist, wird er eher etwas sagen wie: ‚Alles in Ordnung, ich werde meinem Chef das Ergebnis mitteilen'" (Schürings 2003, S. 44 f.).

Der Niederlande-Autor Dik Linthout (2010, S. 199) weist auch auf Unterschiede im Dresscode hin: „Niederländische Geschäftsleute müssen im Ausland darauf achten, dass Kleidung und äußeres Erscheinungsbild dort eine wichtige Rolle spielen. In Deutschland werden sie gelegentlich als ‚Bata-Männer' bezeichnet [nach der tschechischen Billigschuhkette]: sie tragen zwar einen anständigen Anzug, doch ihr Schuhwerk macht regelmäßig einen billigen Eindruck und ist nicht geputzt."

Doch das tut dem Selbstbewusstsein ihrer Landsleute normalerweise keinen Abbruch, erklärt van Ditzhuyzen (Ebd., S. 89) und warnt: „Erschrecken Sie nicht: direkte Meinungen und kritische Bemerkungen gehören dazu. Wenn Niederländer mit irgendetwas nicht einverstanden sind, reden sie nicht lange um den heißen Brei herum, sondern sagen kurz und bündig: ‚Nein, das sehe ich aber ganz anders!' Es ist nur ehrlich gemeint, kann auf Sie, als Nicht-Niederländer, allerdings recht schroff wirken."

Die wichtigste Voraussetzung einer gelungenen Verhandlung „auf niederländisch", so Ute Schürings (2003, S. 46), sei die Bereitschaft beider Seiten, ein Stück weit nachzugeben. „Man strebt nach einer *Win-win*-Situation, jeder muss am Ende zufrieden sein mit dem Ergebnis. [...] Es sollte also zunächst ein grundsätzliches Einverständnis darüber vorliegen, dass man überhaupt zu einer Einigung kommen will. *Agree to agree*, um gleich noch einen englischen Ausdruck zu gebrauchen, steht am Anfang jeder Verhandlung."

Niederländer empfinden es oft als störend, wenn ihre deutschen Verhandlungspartner nicht bereit sind, einzulenken oder nachzugeben. Deutschen Geschäftsleuten wird nachgesagt, sie würden sich ein festes Ziel setzen, das sie mit allen Mitteln erreichen wollen. Auch Niederländer haben natürlich ein Ziel, doch sie sind in der Umsetzung flexibler, gehen in kleinen Schritten vor oder schlagen Umwege ein. Wie das geht? Ute Schürings (2003, S. 47) erklärt es uns: „Diskutiert man etwa über den Preis, geht es ja nicht nur um den Preis pro Tonne, sondern auch um Lieferkonditionen, Höhe der Abnahme, Zeitrahmen etc. Man sollte also aufpassen, wenn man über mehrere Dinge gleichzeitig spricht, und die Hintertürchen schließen, bevor man sich auf ein Zugeständnis einlässt. Denn was Strategie angeht, sind die (→) ***overleg***-geübten Niederländer schwer zu schlagen.“

Ein Thema, an dem sich die deutsch-niederländische Geschäftswelt allerdings immer wieder scheidet, ist die unterschiedliche Vorstellung, die man in beiden Kulturen von einem guten Mittagessen hat. Dik Linthout (2010, S. 221) erzählt dazu die folgende Anekdote: „Als ein niederländischer und ein deutscher Betrieb miteinander fusionieren wollten, empfingen die Deutschen ihre neuen niederländischen Verhandlungspartner und servierten mittags ein ausgezeichnetes Vier-Gänge-Menü. Beim Gegenbesuch reichten die Niederländer ihren deutschen Gästen weiche Semmeln und eine Tasse Suppe, die im Stehen gelöffelt wurde. Nachdem die Mitarbeiter des deutschen Unternehmens ein interkulturelles Training absolviert hatten, bekamen ihre niederländischen Kollegen bei der nächstfolgenden Fusionsbesprechung ebenfalls Brötchen mit Suppe.“ **(→ Zusammenarbeit)**

Gleichheit und Konsens

Niederländer hassen es, sich mit Statussymbolen und hochtrabenden Titeln zu schmücken. *Gewoon doen* lautet die Devise, was man mit „Bleib auf dem Teppich“ übersetzen könnte. Das gilt selbst für Königin Beatrix, die gern Fahrrad fährt und sich von ihren Untertanen mit „*mevrouw*“ ansprechen lässt – die „*Majesteit*“ steht sozusagen nur auf der Visitenkarte **(→ Oranje boven)**. Jeder weiß schließlich, dass sie die Königin ist, da muss sie es nicht auch noch aus einer goldenen Kutsche heraus in die Welt hinausposaunen. Denn das wäre Angeberei.

Diese Haltung des *Gewoon doen* trifft man auf allen Ebenen der niederländischen Gesellschaft an – zum Beispiel in der Wissenschaft. In den Niederlanden wird man es kaum erleben, dass sich, wie bei uns, Akademiker öffentlich etwas auf ihren Doktor- oder Professorentitel einbilden und ihre Traktate absichtlich mit möglichst vielen Fußnoten und Fremdwörtern anreichern, um ihnen einen „wissenschaftlicheren" Anstrich zu geben. Sicher, auch bei unseren Nachbarn gibt es genügend Akademiker, die stolz auf ihren Titel sind, doch sie würden sich davor hüten, in der Öffentlichkeit damit hausieren zu gehen oder gar gesellschaftliche Vorteile daraus zu schlagen versuchen. Und auch dort finden sich natürlich jede Menge Wissenschaftler, die einen unlesbaren Schreibstil pflegen – aber sie können es einfach nicht besser. Würden sie es absichtlich tun, wäre ihnen das Gespött ihrer Kollegen gewiss.

Ähnliches gilt auch für den betrieblichen Alltag in den Niederlanden **(→ Arbeits- und Betriebskultur)**. Der Vorgesetzte ist nicht, wie bei uns, ein *Pater familias*, also eine Art Familienvorstand, sondern eher ein *Primus inter pares*, ein Erster unter Gleichen. Er trägt zwar die Hauptverantwortung, genießt aber nach außen hin keine besonderen Rechte oder Privilegien – wie etwa ein übertrieben luxuriös eingerichtetes Büro oder eine Luxuslimousine mit Chauffeur vorm Firmeneingang. Ein niederländischer Chef wird immer Wert darauf legen, vor seinen Mitarbeitern als *gewone Hollandse jongen*, als „Mann aus dem Volk", zu erscheinen. Denn sobald er anfinge, den Chef herauszukehren, würde er in der Belegschaft auf heftigen Widerstand stoßen.

Diese grundsätzliche Haltung hat erhebliche Konsequenzen für den Umgang miteinander. „Wenn etwa ein deutscher Chef von einer klaren Rollenverteilung zwischen ihm und seiner Sekretärin ausgeht, die darin besteht, dass er Anweisungen gibt und sie die Arbeit ausführt – so wird er in den Niederlanden erfahren, dass Sekretärinnen oftmals Gegenvorschläge präsentieren. Und zwar mit der Erwartung, dass diese nicht nur ernst genommen, sondern auch eingehend erörtert werden. Die Art und Weise, wie Arbeitsanweisungen an Mitarbeiter erfolgen und welche Etikette dabei zu beachten ist, unterscheidet sich grundlegend [von der unsrigen]" (Schlizio, Schürings u. Thomas 2009, S. 12).

Die Wurzeln dieses Gleichheitsethos reichen bis ins 12. Jahrhundert zurück, der Gründung der ersten *waterschappen*, regionale Deichgenossenschaften zur Sicherung der Deiche und der Wasserabfuhr **(→ Wasser)**. Diese Wasserverbände waren demokratisch verfasst, alle Mitglieder – die jeweiligen Anwohner eines Deichabschnitts – verfügten, ohne Ansehen ihres Standes und ihrer Person, über die gleichen Rechte und Pflichten.

In den *waterschappen* liegt zugleich auch der Ursprung des sogenannten niederländischen Konsensmodells: Man stand unter dem Zwang, Kompromisse finden und sich bei widerstreitenden Interessen einigen zu müssen, wollte man nicht buchstäblich absaufen. Dieses Streben nach Konsens ist auch in der heutigen niederländischen Gesellschaft noch deutlich spürbar und drückt sich etwa in der ausgeprägten Sitzungskultur der Niederländer, dem (→) ***overleg***, aus. Bei einem solchen *overleg*, das von der Funktion her unserer Arbeits- oder Dienstbesprechung entspricht, sitzt man, oft stundenlang, beieinander und bespricht ein Problem oder eine anstehende Entscheidung. Jeder kann mitreden und mitdiskutieren, Rangunterschiede spielen eine eher untergeordnete Rolle, und langsam aber sicher bewegt man sich im Streit der Meinungen auf einen Kompromiss zu, der für alle akzeptabel ist. Auch in der niederländischen Politik läuft es oft so: „Die Beschlussfassung läuft nicht einfach von oben nach unten, sondern es findet ein Kreislauf statt. Man stimmt sich ab, geht ins ‚Overleg', die Vertreter der verschiedenen Parteien suchen gemeinsam nach einer Lösung und einigen sich auf einen Kompromiss" (Schlizio, Schürings u. Thomas 2009, S. 91).

Durch Gleichheitsdenken und Konsensorientierung zeichnet sich auch der niederländische Erziehungsstil aus – und das offenbar nicht erst seit gestern. „Eine über die Jahrhunderte hinweg immer wieder gehörte Klage ausländischer Besucher bezieht sich auf die freie Erziehung niederländischer Kinder durch die Eltern. Niederländer, so sagen sie, hätten keine guten Manieren, weil ihr Gleichheitsethos bereits bei den Kindern beginne. Wenn wir den ausländischen Beobachtern glauben dürfen, bleiben niederländische Kinder in den ersten Lebensjahren von jeglicher Disziplin verschont und dürfen machen, wonach ihnen der Sinn steht" (Linthout 2010, S. 225).

Dies kann auch Benimmexpertin Reinildis van Ditzhuyzen (2011, S. 133 f.) bestätigen, wenn sie über die buchstäbliche „Mündigkeit" niederländischer Kinder schreibt: „Nicht alle ausländischen Besucher finden das bezaubernd; viele empfinden niederländische Kinder einfach nur als schlecht erzogen und frech." Denn, so sagen sie: „Das Streben nach Gleichberechtigung beginnt hier schon bei den Kindern: Eltern behandeln ihre Sprösslinge wie Gleichgestellte, mit allen sich daraus ergebenden Folgen."

Kleiner Grenzverkehr

Der gebürtig aus Bremen stammende Reiseschriftsteller Johann Georg Kohl (1808-1878) war ein weitgereister Mann: Er hatte die Weiten Russlands erkundet, die Schluchten des Balkans durchstreift und mehrere Jahre lang Nordamerika bereist. Als er jedoch in der zweiten Hälfte des 19. Jahrhunderts vom Bourtanger Moor im

Emsland aus einen kleinen Abstecher in die Niederlande machte, verschlug es ihm fast die Sprache:

> „'Abeldjes Huis', ein kleines Wirtshaus, das schon innerhalb der alten Bourtanger Schanzen lag, war das erste holländische Gebäude, auf das wir stießen. Mit diesem Haus waren Deutschland, deutsche Sprache, deutsche Wohnweise und Sitte zu Ende und auf einmal wie abgeschnitten. Als wir in den kleinen Ort hineinfuhren, war alles sogleich anders, das Äußere der Wohnungen, der Leute und der kleinen Kinder in den Straßen [...]. Alles sagte uns, dass wir in ein anderes Land und unter ein fremdes Volk geraten waren. Der Wirt, den wir auf Deutsch anredeten, verstand kein Wort Deutsch, und ebenso wenig verstand es irgendein anderer Bewohner der kleinen Bourtange. Die jungen Frauen und Mädchen sowie die Männer und Kinder hatten ganz andere Gesichtszüge. Es ist fast unbegreiflich, wie zwei Nationen so lange dicht nebeneinander leben und doch so wenig voneinander annehmen konnten" (Kohl 1990, S. 322).

Die Beschreibung Kohls klingt fast wie der Bericht über den Besuch eines abgelegenen Eingeborenenstammes im Amazonasbecken, der bislang kaum Kontakt zur Außenwelt hatte. Dabei gab es natürlich auch im 19. Jahrhundert bereits einen regen Grenzverkehr zwischen Deutschland und den Niederlanden. Scharen von Niederländern zogen auf der Suche nach Arbeit in die boomenden Stahl- und Bergbaumetropolen des Ruhrgebiets oder trieben Handel mit Deutschland **(→ Niederländische Spuren in Deutschland)**. Umgekehrt machten sich im Frühjahr viele Deutsche auf, um als Torfstecher in den Moorgebieten der östlichen Niederlande zu arbeiten, also insbesondere auch in der Gegend, die Kohl beschreibt. Im Sommer ging es dann zur Heu- und Getreideernte in die Niederlande; die Frauen verdingten sich als Gärtnerinnen oder Hausmädchen. In der ersten Hälfte des 19. Jahrhunderts sollen sich etwa 140.000 dieser deutschen „Hollandgänger" oder, wie sie in den Niederlanden hießen, *hannekemaaiers* bleibend in den Niederlanden angesiedelt haben.[9]

Somit konnte also schon damals keine Rede davon sein, dass die beiden Nationen so lange dicht nebeneinander gelebt und doch so wenig voneinander angenommen hätten. Vielmehr gab es einen regen gegenseitigen Austausch an Arbeitskräften – und damit auch an Kultur und Ideen. Es war nicht ungewöhnlich, dass junge ostfriesische

9 Einen interessanten Einblick in das harte Leben der Hollandgänger bietet der Historiker Ulrich Kröll (2011, S. 171-184).

Bauern im benachbarten niederländischen Oldambt auf Brautschau gingen – und umgekehrt – oder sich auf der anderen Seite der Grenze ein Stück Land kauften und sich dort niederließen. So war es beispielsweise auch bei Derk Roelof Mansholt gewesen, dem Großvater des berühmten Landwirtschaftsreformers und ersten Agrarkommissars der Europäischen Kommission, Sicco Mansholt. Derk Roelof stammte ursprünglich aus Ditzumerhammrich im ostfriesischen Rheiderland und war 1866 über die Grenze ins nahegelegene Oldambt gezogen.[10]

Doch auch auf politisch-administrativer Ebene gab es eine enge Zusammenarbeit zwischen den beiden Nachbarn. Wenn man sich etwa Luftbilder des Dollartvorlandes betrachtet, sieht man, dass sich die in den vergangenen Jahrhunderten angelegten Polder wie durchgehende Kränze um den niederländischen *und* deutschen Teil des Dollart legen – so, als ob es niemals eine Grenze gegeben hätte.

Diese politisch-administrative Zusammenarbeit wird heute in den fünf deutsch-niederländischen *Euregios* fortgesetzt: in der Ems Dollart Regio (EDR) mit Sitz in Bad Nieuweschans, in der EUREGIO Gronau/Enschede, der Euregio Rhein-Waal in Kleve, der euregio rhein-maas-nord in Mönchengladbach und der Euregio Maas-Rhein in Eupen. Bei diesen, meist in den 1970er Jahren gegründeten Euregios handelt es sich um grenzüberschreitende Arbeitsgemeinschaften von Städten, Kommunen, Kreisen, Kammern und Landschaftsverbänden. Ziel der Zusammenarbeit ist die Förderung des grenzüberschreitenden Austausches und die Entwicklung der Grenzregionen zu einem „euregionalen" Kultur- und Wirtschaftsraum.

10 Siehe hierzu das spannende Buch von Frank Westerman, *Das Getreideparadies* (2009), in dem es um die Geschichte dieses Landstrichs geht.

HEMA

Wenn es *etwas* typisch Niederländisches gibt, dann ist es die HEMA, eine Abkürzung für *Hollandsche Eenheidsprijzen Maatschappij Amsterdam*. Gegründet im Jahre 1926, stellt sie so etwas wie die Urmutter der 1-Euro-Shop-Bewegung dar: Alle Waren wurden zu einem Einheitspreis von 25 und 50 Cent feilgeboten. Bis dahin war der Besuch von Warenhäusern, wie etwa dem schicken De Bijenkorf in Amsterdam, wo alles sehr teuer war und das Personal Französisch sprach, allein den kaufkräftigen Konsumenten vorbehalten gewesen.

Doch das sollte sich mit der HEMA ändern: Hier gab es ein reichhaltiges Angebot, das zugleich preiswert und praktisch war. Das Verkaufspersonal bestand aus zumeist unverheirateten Frauen, die in weißer Betriebsuniform und in einer 75-Stunden-Arbeitswoche etwa den Verkaufsschlager des Unternehmens, die *HEMA-Rookworst*, an den Mann beziehungsweise besser: die Hausfrau brachten. Bei der HEMA-Rookworst handelt es sich um eine geräucherte Knackwurst, die bis heute gern zur Erbsensuppe gereicht wird **(→ Niederländische Küche)** und auf die, obwohl sie zu den mit Abstand fettesten Lebensmitteln des Königreichs gehört, viele Niederländer nicht mehr verzichten mögen.

In den 1950er Jahren wurde die HEMA zu einem Franchiseunternehmen umgewandelt – das erste in den Niederlanden und mit 500 Filialen und über 10.000 Beschäftigten bis heute das größte. Das Warensortiment der HEMA beschränkt sich längst nicht mehr auf 1-Euro-Produkte, sondern reicht inzwischen von Nahrungsmitteln und Kosmetika über Haushaltswaren und Textilien bis hin zu Elektroartikeln und Wohnaccessoires. Es gibt kaum einen niederländischen Haushalt, in dem sich nicht irgendwelche HEMA-Produkte finden.

Doch damit nicht genug. Um weiter expandieren zu können, zog die HEMA in den 1980er und den 90er Jahren über die Grenze, nach Belgien, Luxemburg, Frankreich und Deutschland, und war dort ebenfalls sehr erfolgreich. In Deutschland gibt es mittlerweile zehn Filialen, unter anderem in Oldenburg und Leer sowie im Rhein-Ruhr-Gebiet.

HEMA ist übrigens nicht das erste niederländische Einzelhandelsunternehmen, das den Schritt über die Grenze gewagt hat: Das 1869 von dem deutschen Unternehmer-Duo Johann Theodor Peek und Heinrich Cloppenburg in Rotterdam gegründete Textilunternehmen Peek & Cloppenburg eröffnete bereits 1901 in Berlin und Düsseldorf zwei Peek & Cloppenburg-Häuser, weitere deutsche Filialen kamen in rascher Folge hinzu. 1911 eröffnete die niederländische Unternehmerfamilie Brenninkmeijer eine Auslandsfiliale ihres 1841 in Sneek gegründeten Textilunternehmens C&A, und zwar in Berlin. Inzwischen haben es ihnen weitere Einzelhandelsunternehmen wie Zeeman, Blokker oder Xenos nachgemacht, mit mehr oder weniger Erfolg. So hat sich die Haushaltswarenkette Blokker inzwischen wieder vom deutschen Markt zurückgezogen.

Doch auch umgekehrt haben sich immer wieder deutsche Einzelhandelsunternehmen oder -unternehmer in den Niederlanden niedergelassen. Einer der ersten wird wohl ein gewisser Ferdinand Holzhaus gewesen sein, der 1885 in Amsterdam ein Geschäft für Arbeits- und Unterbekleidung eröffnete. Da Holzhaus ein Deutscher war, erhielt sein Geschäft den Spitznamen *De Mof* (→ **Moffen**), der dann irgendwann zum offiziellen Firmennamen wurde. De Mof, mit Sitz auf dem Haarlemmerdijk 109 im Zentrum Amsterdams, kann sich mit seinem spezialisierten Warenangebot bis heute auf dem hart umkämpften Markt behaupten.

„De Mof", Haarlemmerdijk, Amsterdam

Seit einigen Jahrzehnten gehören auch Aldi-, Lidl- und Saturn-Filialen zum Erscheinungsbild niederländischer Fußgängerzonen und Einkaufszentren. In Kürze wird

Edeka dazukommen, denn die deutsche Supermarktkette hat Ende 2011 sämtliche 425 Filialen der niederländischen C1000-Kette übernommen.

Jüngere Entwicklungen wie die Vollendung des Europäischen Binnenmarktes 1993, der Wegfall der Grenzkontrollen im Zuge des Schengener Abkommens 1995 und die Einführung des Euro im Jahre 2002 haben die grenzüberschreitende Expansion des niederländischen wie des deutschen Einzelhandels beflügelt. Zugleich haben sie jedoch auch, vor allem im Grenzgebiet, für eine Zunahme der Konsumentenströme aus dem jeweiligen Nachbarland gesorgt. Immer mehr Niederländer nutzen die Chance, im nahen Deutschland einzukaufen, in der Adventszeit vielleicht noch einen Weihnachtsmarkt mitzunehmen (und auf dem Rückweg dann, zumindest für niederländische Verhältnisse, billig zu tanken), während es die Deutschen in die Niederlande zieht, um sich etwa günstig mit Garten- und Balkonpflanzen einzudecken und, vor allem, ihre geliebten Kaffeepads zu kaufen, die es bei den Nachbarn um einiges günstiger gibt als bei uns. Wer es nicht glaubt, sollte sich einmal an einem Samstag in Leer oder Oldenburg umsehen und dann einen Abstecher nach Groningen machen: Er wird feststellen, dass die Städte an diesem Tag komplett zweisprachig sind: Niederländisch und Deutsch.

Die rasante Zunahme von Einkaufstouristen aus dem Nachbarland bringt es jedoch mit sich, dass man im grenznahen Einzelhandel über entsprechend geschultes Personal verfügen muss. Dabei reicht es nicht nur, als Verkäuferin oder Verkäufer die Sprache des Nachbarn zu sprechen, sondern man muss auch wissen, wie der Kunde aus dem anderen Land angesprochen werden möchte und was er sich unter kompetentem Verkaufspersonal vorstellt. Denn bei den Kundenerwartungen und im Kundenverhalten gibt es große Unterschiede zwischen unseren beiden Ländern. So möchte zwar auch ein niederländischer Kunde gern kompetent und höflich, jedoch nicht unbedingt als König behandelt werden.

Die in Leer ansässige Firma Bünting, ein Familienunternehmen mit etwa 10.000 Beschäftigten, das den meisten von uns vermutlich nur durch den „Bünting-Tee“ bekannt ist, aber mit ihren Töchtern famila, Combi, Markant und Telepoint zu einem der größten Einzelhandelskonzerne im Nordwesten Deutschlands gehört, hat die Zeichen der Zeit längst erkannt. Seit über fünfzehn Jahren beteiligt sich die Firma an einem regelmäßigen Austausch von Auszubildenden der Berufsbildenden Schulen Leer beziehungsweise Wittmund und dem Noorderpoort, einem Berufsbildungszentrum in Groningen. Die Auszubildenden erhalten dabei die Chance, im Rahmen eines vierwöchigen Praktikums in einem Einzelhandelsbetrieb das Arbeiten und Leben im

Nachbarland kennenzulernen. „Es ist immer wieder faszinierend zu sehen, wie sich junge Auszubildende durch ein solches Auslandspraktikum entwickeln. Sicher auch, weil kaum 60 Kilometer von Leer entfernt eine völlig andere Handelswelt existiert als die, die wir hier kennen", so Thorsten Tooren, Ausbildungsleiter bei Bünting.

Interessant ist, was die Bünting-Azubis erzählen, wenn sie aus den Niederlanden zurückkommen. Insbesondere schwärmen sie dann von der angenehmen Arbeitsatmosphäre, dem freundschaftlichen Umgang unter den Kollegen, aber auch zwischen Mitarbeitern und Vorgesetzten **(→ Arbeits- und Betriebskultur)**, sowie von der Freundlichkeit und Geduld, mit der niederländische Kunden die deutschen Auszubildenden behandeln.

Doch auch umgekehrt profitieren die niederländischen Praktikumsbetriebe von ihren deutschen Praktikanten. So berichtet Bünting-Azubi Sebastian Camp, dass er während seines vierwöchigen Praktikums im Saturn-Markt in Groningen einmal einem Kunden geholfen habe, seinen Fernseher ins Auto zu laden. Der Kunde war so gerührt, dass er sich anschließend bei der Geschäftsleitung für den ungewöhnlichen Service bedankte – die diesen Dienst am Kunden wiederum eine so tolle und „innovative" Idee fand, dass man daraufhin einen solchen „Bringdienst" standardmäßig im Elektronikmarkt einführte. **(→ Schöne neue Dienstleistungsgesellschaft)**

Holland – Niederlande – Königreich der Niederlande

Die Niederlande werden vom Rest der Welt gern als „Holland" bezeichnet und die Niederländer als „Holländer". Streng genommen ist das genauso falsch, als wenn man die Schotten als „Engländer" bezeichnet oder kundtut, dass in Belgien „Belgisch" gesprochen würde. Denn Holland ist nur ein Teil der Niederlande, nämlich die an der Küste im Westen gelegenen heutigen Provinzen Noord- und Zuid-Holland. Niederländer, die nicht aus „Holland" stammen, fühlen sich keineswegs als Holländer und sind auch nicht sonderlich scharf darauf, als solche bezeichnet zu werden. Aus Marketinggründen sind nicht-holländische Niederländer zwar schon mal bereit, für einen Holländer durchzugehen **(→)** („**Frau Antje** aus Holland" oder „Echte holländische Pommes", wobei die Pommes nicht einmal niederländisch, sondern belgisch sind!) – doch wie gesagt, richtig ist es nicht.

Aber wie heißt es dann richtig: „Niederlande" oder „Königreich der Niederlande"? Die Antwort lautet: Es kommt darauf an. „Niederlande" ist die Bezeichnung des Landes, „Königreich der Niederlande“ aber ist der offizielle Name. Zugleich ist der Begriff „Niederlande“ jedoch auch die Umschreibung des in Europa gelegenen Teils des Königreichs der Niederlande. Denn zum Königreich gehören neben dem europäischen Kernland auch noch (mit dem Status als „autonomes Land“ oder „besondere Gemeinde“) die Karibikinseln Aruba, Bonaire, Curacao, Sint Maarten, Eustatius und Saba. **(→ Kolonialgeschichte)**

Die Niederlande bestehen aus dem festländischen Kerngebiet, Seeländisch-Flandern im Südwesten, dem eingedeichten und teilweise eingepolderten Ijsselmeer sowie den sechs Westfriesischen Inseln im Nordwesten (Texel, Vlieland, Terschelling, Ameland, Schiermonnikoog und Rottumeroog). Die Hauptstadt der Niederlande ist **(→) Amsterdam**, Regierungssitz aber Den Haag, das offiziell *'s Gravenhage* heißt. Staatsoberhaupt des Königreichs, also des Kernlandes und der überseeischen Gebiete, ist die Königin **(→ Oranje boven)**.

Die Verwaltung des Landes gliedert sich in drei Ebenen: das Reich (*Rijk*), die Provinzen (*provincies*) und die Kommunen (*gemeenten*). Hinzu kommen die in den Niederlanden überaus wichtigen – und mächtigen – Wasserverbände (*waterschappen*).

Während das Reich für alle Angelegenheiten von nationalem Interesse verantwortlich ist, nehmen die insgesamt zwölf Provinzen regionale Aufgaben in den Bereichen Umwelt, Raumordnung, Energieversorgung, Soziales, Kultur und Sport wahr. Die Aufgaben der gut 400 Kommunen (zu denen auch Städte wie Amsterdam oder Groningen gehören), erstrecken sich von der Wasserwirtschaft und dem Verkehr über das Wohnungswesen, die öffentlichen Schulen, das kommunale Sozial- und Gesundheitswesen bis hin zu Freizeit, Kultur und Sport. Die *waterschappen* **(→ Wasser)** schließlich, die Wasserwirtschaftsverbände, unterhalten den Bau von Dämmen, Deichen und Schleusen, verwalten die Zu- und Abfuhr von Wasser und gewährleisten die Wasserqualität. Seit jeher wird der Vorstand eines Wasserverbandes von den Haus- und Grundstückseigentümern im betreffenden Amtsbezirk gewählt. Der Deichgraf (Vorsitzende) wird von der Regierung ernannt.

Politisch betrachtet handelt es sich bei den Niederlanden um eine parlamentarische Monarchie. Das heißt, der Monarch hat – im Gegensatz zur konstitutionellen Monarchie – nicht die Möglichkeit, die Regierung abzusetzen und übt wenig Einfluss auf die Staatsgeschäfte aus. Die werden vom Parlament geführt, das in den Niederlanden *Staten-Generaal* heißt. Die Staten-Generaal bestehen, wie bei uns, aus zwei Kammern, der *Eerste Kamer* und der *Tweede Kamer*, die beide auf vier Jahre gewählt werden. Die Erste Kammer, der Senat (in etwa vergleichbar mit dem Bundesrat), hat 75 Mitglieder, die von den Mitgliedern der *Provinciale Staten* (Provinzparlamente) gewählt werden. Die Zweite Kammer, das Abgeordnetenhaus, entspricht dem deutschen Bundestag und hat 150 Abgeordnete, die vom Volk per Verhältniswahl allgemein, unmittelbar, frei, gleich und geheim gewählt werden.

Horeca

Die Abkürzung *horeca* steht für *hotel, restaurant, café*, also das, was wir als „HoGa-Bereich" oder „Hotel- und Gaststättengewerbe" bezeichnen. Der niederländische Horeca-Sektor ist bei Ausländern wie Einheimischen gleichermaßen berüchtigt für seine schlechte Qualität: muffige Zimmer, fades Essen und ein Service, der den Namen kaum verdient – und das alles zu vergleichsweise gesalzenen Preisen.

Beim niederländischen Horeca-Gewerbe geht es oft mehr um Schein als um Sein: Hotelfoyers aus Gold und Marmor, hinter denen sich dann elende Absteigen auftun, Mahlzeiten, die kunstvoll drapiert auf überdimensionalen Tellern serviert werden, aber geschmacklich nicht einmal der *frikandel* „aus der Mauer" **(→ Die niederländische Küche)** das Wasser reichen können, und Kellner, die zwar wie echte Kellner aussehen, aber konsequent den Augenkontakt zum Kunden meiden, um einer drohenden Bestellung zu entgehen. Branchenkenner behaupten sogar, dass es leichter sei, in einem Amsterdamer Grand Café zu verdursten als in der Sahara **(→ Schöne neue Dienstleistungswelt)**.

Es gibt sie aber durchaus, die Hotels, in die man abends, nach getaner Stadtbesichtigung, gern und ohne Abscheu zurückkehrt, die Restaurants, deren Speisen nicht nur etwas fürs Auge, sondern auch für den Gaumen bieten und einem trotzdem kein Loch ins Portemonnaie reißen, und die Cafés – in den Niederlanden nennt man auch die etwas gehobeneren Kneipen „Cafés" –, in denen der Gast nicht um sein *kopje koffie* oder sein *pilsje* betteln muss. Doch das Glück liegt nicht auf beziehungsweise an der Straße: Man muss schon ein wenig suchen und sich bei Eingeborenen erkundigen, um auch die positiven Seiten der niederländischen Hotellerie und Gastronomie kennenzulernen.

Die meisten Cafés des Landes gibt es in **(→) Amsterdam** (nicht in Maastricht, das nur die höchste Café-*Dichte* pro Einwohner hat), und dort befinden sich auch einige der ältesten und schönsten unter ihnen. Schon Jacques Brel hat es in seinem berühmten Chanson besungen, das wilde Kneipenleben Amsterdams, und A.F.Th. van der Heijden hat ihm mit seinem Roman *Der Anwalt der Hähne* ein ebenso bleibendes wie wortgewaltiges Denkmal gesetzt. Überhaupt scheint es ein festes Stilmerkmal fast aller Amsterdam-Romane zu sein, dass die Protagonisten irgendwann einmal in einem der unzähligen "braunen" beziehungsweise "Grand" Cafés oder einer Kneipe, dem *kroeg*, landen.

Der Autor und Amsterdam-Fan Olaf Irlenkäuser hat einmal nachgeforscht, welche Spuren die Café- und Kneipenkultur der Stadt in den Werken der Schriftsteller **(→ Literatur)** hinterlassen haben. Herausgekommen ist dabei ein Reiseführer der besonderen Art: ein *literarischer Kneipenführer* Amsterdams. Alles, was Rang und Namen hat, ist dort zu finden – van der Heijden, Harry Mulisch, Cees Nooteboom, Willem Frederik Hermans, Geert Mak, Margriet de Moor, Connie Palmen, Anna Enquist, sogar Multatuli –, und natürlich haben auch Autoren wie Albert Camus, Paul Auster, John Irving oder Ian McEwan ihren Auftritt, deren Werke zum Teil in Amsterdam spielen. Doch die eigentlichen Hauptdarsteller sind die Kneipen, Cafés und Restaurants: vom *Eerste Klas* direkt im Hauptbahnhof über die *Drie Fleschjes* und das *Krasnapolsky* zum *Scheltema*, vom *Engelbewaarder* über *De Jaren* zum *Schiller* und von dort via *Luxembourg* zum *'t Smalle*. Irlenkäuser hat sie alle angesteuert und sie – als Service für den Leser – in sechs "Spaziergängen" so geordnet, dass sich die einzelnen Touren gerade noch ohne Filmriss bewältigen lassen.

Doch zunächst macht er uns fit, was die niederländische Trinkkultur anbetrifft. So erfahren wir, was ein *borrel* ist, nämlich ein Glas Schnaps, das – zusammen mit einem Bier genossen – auch als *kopstoot*, Kopfstoß, bezeichnet wird. Wir machen uns mit den Bedeutungsvarianten des urniederländischen Worts *gezelligheid* vertraut und lernen, dass ein *Amsterdammertje* **(→ Diminutive)** nicht etwa ein zu kurz geratener Amsterdamer ist, sondern der – traditionell kostenlos ausgeschenkte – Rest aus einer Flasche des niederländischen Nationalgetränks Genever **(→ Feierbiester)**.

Nach einer ausführlichen Würdigung der kulturhistorischen Bedeutung des *Jenever*, eines doppelt gebrannten Wacholderschnapses in den Geschmacksrichtungen "jung" und "alt", der 1688 von König Willem III. nach England importiert wurde und sich dort rasch als "Gin" einen Namen machte ("klar wie Säuferurin und beißend wie der Saft des Wacholders", wie schon T.C. Boyle in seinem Roman *Wassermusik* treffend feststellt), geht es dann "ins Feld". Von den ältesten Cafés der Stadt, deren Geschichte zum Teil bis weit ins 17. Jahrhundert zurückreicht, über die stilvollsten Etablissements, wie etwa das berühmte *Café Americain*, bis hin zu den traditionellen

Schnapsdestillen und Trinkhallen nach Art des "Steh-Hoppe" am Spui – einem langen, schlauchartigen Raum, wo man sein Bier im Stehen trinkt – bekommt der Amsterdam-Besucher alles geboten, was er für einen zünftigen Zug um die Grachten braucht.

Berühmt geworden sind die Kolumnen des Schriftstellers und bekennenden Trinkers Simon Carmiggelt, der in seinen genevergetränkten *Kroegverhalen* ("Kneipengeschichten") vor allem das Amsterdamer Kneipen- und Café-Leben der 1960er Jahre mit seinen oft bizarren Geschichten und Ritualen beschrieben hat. Zu diesen Ritualen gehört es etwa (bis heute), dass der *kastelein*, der Wirt, wenn er das Zeitliche segnet, in seiner Kneipe aufgebahrt wird, wo ihm die Gäste ein letztes Mal zuprosten können.

Wenn man über den niederländischen Horeca-Sektor spricht, darf natürlich das schwarze Schaf der Familie nicht fehlen: der *Coffeeshop*. Anders als der Name es vermuten lässt, dreht sich das Geschäft hier weniger um den Verkauf von Kaffee als vielmehr um den Handel mit weichen Drogen wie Haschisch und Marihuana, die man dann gleich vor Ort konsumieren, sprich: rauchen kann. Denn das auch in den Niederlanden geltende Rauchverbot bezieht sich nicht auf *Coffeeshops* – da man sich hier schließlich kein gesundheitsschädliches Nikotin verabreicht, sondern bestes Cannabis! Doch auch in zahlreichen, insbesondere kleinen niederländischen Kneipen wird nach wie vor geraucht, was die Lunge hergibt. Wie so vieles andere hierzulande wird es, da es ohnehin nicht durchsetzbar ist, *gedoogd*, geduldet. **(→ Gedoogbeleid)**

Improvisation

Im deutsch-niederländischen Projektgeschäft ist das Phänomen bekannt: Während die deutschen Projektpartner die Dinge planvoll und zielstrebig angehen (*gründlich*, wie die Niederländer sagen), ist die niederländische Seite deutlich lockerer bei der Sache und nimmt auftretende Probleme, wie sie gerade kommen (**→ Lockerheit**). Ja, man kann sogar so weit gehen und behaupten, dass Niederländer auf solche Probleme geradezu warten, um ihr sprichwörtliches Improvisationstalent einmal richtig auszuleben.

Im grenzüberschreitenden Projektgeschäft ist der niederländische Hang zum Improvisieren Segen und Fluch zugleich. Ein Segen ist er, weil der Projektkarren gar nicht tief genug im Dreck stecken kann, um von den niederländischen Partnern im allerletzten Moment herausgezogen zu werden. Er ist aber manchmal auch ein Fluch, weil man seinen schönen ausgedachten Plan sich im Nu in Nichts auflösen sieht, wenn die Niederländer erst einmal das Heft des Handelns in die Hand genommen haben. Und dieses Heft muss nicht immer zu einem eleganten Florett gehören, sondern kann durchaus auch der stabile Griff eines Fleischerbeils sein.

Kriselt es im Projekt, offenbaren sich die beiden Volksseelen in ihrer reinsten Form: Während die deutsche Seite von „Problemen" spricht und verzweifelt beginnt, mit dem „Fördermittelgeber" über „Umwidmungen" und „förderneutrale Projektverlängerungen" zu verhandeln, sehen Niederländer lediglich spannende „Herausforderungen", die es ihnen endlich erlauben, zu zeigen, was in ihnen steckt. Und im Nu ist das Problem – Pardon: die Herausforderung – gemeistert, zwar oft nicht so, wie es ursprünglich einmal im Antrag gestanden hat, aber stets so, dass es mit dem Projekt wieder eine Weile weitergehen kann.

Gelegentlich lässt sich von deutschen Projektbeteiligten aber auch die Kritik hören: „Die Niederländer machen, was sie wollen". Darauf folgen dann meist herzzerreißende Geschichten über tagelange Projektbesprechungen, bei denen man sich mühsam auf ein gemeinsames Vorgehen geeinigt hat, um dann beim nächsten Treffen feststellen zu müssen, dass die niederländischen Partner in der Zwischenzeit etwas völlig anderes gemacht haben!

Die Vorgeschichte muss man sich etwa folgendermaßen vorstellen: Ein paar Tage nach einer solchen gemeinsamen Projektsitzung trifft Kees in der Kaffeepause zufällig seine Projektkollegin Marijke, und sie kommen ins Gespräch. „*Moet je luisteren, Marijke*", sagt Kees dann, „ich habe heute Nacht noch mal über das Projekt nachgedacht. Dabei kam mir die Idee, dass es doch eigentlich viel besser wäre, wenn wir nicht, wie neulich mit den Deutschen besprochen, mit Phase A anfangen, sondern gleich mit Phase B durchstarten." Marijke findet dies einen ausgezeichneten Vorschlag und bespricht ihn mit Projektleiter Piet, der ebenfalls spontan begeistert ist und alles Notwendige veranlasst – aber im allgemeinen Durcheinander dann leider vergisst, auch die deutschen Partner in den neuen Plan einzuweihen. Man kann sich das Entsetzen vorstellen, wenn das Projektteam sich das nächste Mal trifft und die deutschen Partner mit den neuen Tatsachen konfrontiert werden. Dabei war doch vorher alles genauestens besprochen worden! **(→ Arbeits- und Betriebskultur)**

Nicht selten kommt es in deutsch-niederländischen Projekten deshalb zu Konflikten über den Umgang mit Verabredungen. Die Deutschen werfen ihren niederländischen Partnern dann „Unberechenbarkeit" und „Vertrauensbruch" vor und fühlen sich „über den Tisch gezogen". Für die Niederländer ist die Kritik dagegen völlig unbegründet und im besten Fall eine Bestätigung ihres Bilds vom steifen, *gründlichen* und etwas autoritären Deutschen. **(→ Moffen / Niederländisch-deutsche Nachbarschaft)**

Oft beruht dieser Konflikt allerdings weniger auf Schlampigkeit oder gar bösem Willen als vielmehr auf einem interkulturellen Missverständnis beziehungsweise einer Fehlinterpretation des Verhaltens der Gegenseite. In Deutschland sind wir es gewohnt, dass wir, bevor wir eine Sache in Angriff nehmen, zunächst einmal für einen guten Plan und die dazugehörige Logistik sorgen. Das heißt, es werden die Ressourcen und Verantwortlichkeiten geklärt, die Ziele benannt und die Schritte dorthin definiert. Hat man sich einmal auf ein bestimmtes Vorgehen geeinigt, hält man daran fest – selbst auf die Gefahr hin, dass es einen geradewegs in den Abgrund führt.

Niederländer sind da ein wenig anders. Zwar wird auch hier ein Plan entwickelt, doch er hat eher den Charakter einer unverbindlichen Empfehlung, eines groben Gerüstes, an dem man sich orientieren kann – aber nicht muss. Weist jemand auf Schwierigkeiten hin, die der Umsetzung des Ziels möglicherweise im Wege stehen könnten, lautet die typische Antwort: „*Dat zien we dan wel*", was frei übersetzt so viel heißt wie: „Darum kümmern wir uns dann, wenn es so weit ist."

Bei deutschen Projekten geht es also in etwa so zu wie in dem bekannten Film *Die tollkühnen Männer in ihren fliegenden Kisten*, in dem der preußische Oberst, gespielt von Gert Fröbe, einen internationalen Wettflug über den Ärmelkanal gewinnen möchte, ohne vorher jemals geflogen zu sein. Aber es gilt die Devise: „Es gibt nichts, was ein preußischer Offizier nicht kann", und mit Hilfe der „Heeresdienstanweisung zur Bedienung eines Flugzeugs“ (in der es unter „Nummer 1“ heißt: „Hinsetzen!“) geht es in die Lüfte. Ein niederländisches Projekt gleicht dagegen einer lose zusammengewürfelten Crew, die erst einmal losfliegt und dann unterwegs versucht, das Landegestell an ihr Fluggerät zu schrauben. Jeder probiert es auf seine Art, doch die wohlbehaltene Landung ist natürlich keinem von beiden garantiert.

Dabei können sich die deutsche Gründlichkeit und das niederländische Improvisationstalent oft wunderbar ergänzen! Denn die Erfahrung lehrt, dass ein Projekt noch so gut geplant sein kann – irgendwann geht doch einmal etwas schief. Dann ist es gut, wenn man einen verlässlichen Partner an seiner Seite weiß, der mit schnellen, pragmatischen Lösungen dafür sorgt, dass die Sache nicht ins Stocken gerät. So etwas nennt man das perfekte Projekt.

Justiz

Justitia fällt ihre Urteile bekanntlich mit verbundenen Augen – in den Niederlanden scheint sie dabei hinter ihrer Binde gelegentlich auch noch zu schlafen. Das zumindest suggeriert der Titel eines Buchs der drei niederländischen Rechtspsychologen Willem Albert Wagenaar, Han Israëls und Peter van Koppen: *De slapende rechter*, Der schlafende Richter (2009).

Und tatsächlich: In den vergangenen Jahren sind in den Niederlanden eine Reihe schwerer Justizirrtümer bekannt geworden, die in der Öffentlichkeit viel Staub aufgewirbelt und den Glauben der Niederländer an die Arbeit ihrer Justiz nachhaltig erschüttert haben. Es geht dabei um unrechtmäßige Verurteilungen wegen sexuellen Missbrauchs (der Fall van Gijn) beziehungsweise Inzests (Der Eper Inzestfall und der Fall Tamboer), und es geht um Mord: den sogenannten Schiedamer Parkmord, Mordfälle in Putten, Deventer und Dronten, den Fall der Krankenschwester Lucia de Berk oder den der Altenpflegerin Ina Post, um nur die wichtigsten zu nennen.[11] Es war jedes Mal das Gleiche: schlampige, einseitige Ermittlungen bis hin zur Manipulation der Ergebnisse; Verdächtige, denen die Ermittler mit aller Gewalt die Taten anhängen wollten und die in den Vernehmungen zum Teil so unter Druck gesetzt wurden, dass sie schließlich ihre Verbrechen gestanden (manchmal sogar solche, die sie gar nicht begangen haben konnten); und Theorien über den Tathergang, so absurd, dass sie jeglicher Logik spotteten. Statt das derart zusammengetragene Beweismaterial in den Papierkorb zu werfen und den Fall neu aufzurollen, dienten die Ermittlungsergebnisse den Richtern als Grundlage, die vermeintlichen Täter zu teils hohen Haftstrafen zu verurteilen.

Ein Fall, der inzwischen traurige Berühmtheit erlangt hat, ist die Vergewaltigung und Ermordung einer 23jährigen Stewardess im gelderländischen Putten im Jahr 1994. Zwei Verdächtige waren rasch ausgemacht und wurden ein Jahr später zu einer langjährigen Haftstrafe verurteilt. Von Anfang an gab es begründete Zweifel an der Schuld der beiden Männer. So war auf dem Oberschenkel des Opfers Sperma gefunden worden, das aber nicht von den Verdächtigen stammen konnte. „Dieses sonderbare Sperma wurde mithilfe eines Sachverständigen damit erklärt, dass es von einem zuvor stattgefundenen freiwilligen Sexualkontakt des Opfers stammen

11 Eine weitere Sammlung von Fehlurteilen findet sich bei Wagenaar und Crombag (2005), van Koppen (2003) hat eine Monographie über den Schiedamer Parkmord geschrieben, und Israëls (2004) hat den Fall Ina Post in einem Buch aufgerollt und damit wieder in die Diskussion gebracht.

könne und dann während der Vergewaltigung von den Verdächtigen aus der Vagina geschöpft worden sei", erklärt der Maastrichter Rechtspsychologe Han Israëls (2010, S. 37), der sich intensiv mit diesem und anderen Fehlurteilen in der jüngeren niederländischen Rechtsgeschichte beschäftigt hat. „Eine merkwürdige Theorie, die als ‚Schöpftheorie' in die Geschichte eingegangen ist."

Peter R. de Vries, eine Art niederländischer Eduard Zimmermann, hatte den Puttener Mordfall mehrfach in seinem Fernsehprogramm zur Sprache gebracht und dabei immer wieder auf die vielen Pannen und Ungereimtheiten hingewiesen, die mit den Ermittlungen einhergegangen waren. Doch es half nichts: Die verurteilten Verdächtigen blieben in Haft. Erst ein paar Jahre nach Verbüßung ihrer Strafe wurde Berufung gegen das Urteil zugelassen – die 2002 mit einem Freispruch für die beiden Männer endete. Völlig rehabilitiert wurden die zwei jedoch erst 2008, als durch einen zufällig zustande gekommenen DNA-Abgleich der wahre Mörder identifiziert und verurteilt werden konnte.

Die Fallstudien von Wagenaar, Israëls und van Koppen zeichnen ein verstörendes Bild des niederländischen Justizapparats, das vor allem durch drei Dinge geprägt wird: einen gelegentlich himmelschreienden Dilettantismus in der Ermittlungsarbeit, unprofessionelles Vorgehen bei der Suche nach dem Täter und im Umgang mit Verdächtigen sowie eine erstaunliche Gleichgültigkeit den Fakten gegenüber. Das einzig Positive, das sich über dieses merkwürdige Verhältnis mancher niederländischer Ermittlungsbeamter und Richter zu Recht und Wahrheit sagen lässt, ist, dass es in die Öffentlichkeit gelangt ist und dort für reichlich Wirbel gesorgt hat. Den Verurteilten selbst wird dies, wenn überhaupt, nur einen geringen Trost bieten. Sie haben ihre Strafe zum Teil bereits verbüßt beziehungsweise befinden sich immer noch in Haft – dies, obwohl ihre Unschuld für jeden, der mit ein bisschen gesundem Menschenverstand ausgestattet ist, feststeht.

Der Grund, dass (wahrscheinlich) unschuldig Verurteilte nur sehr schwer eine Wiederaufnahme ihres Verfahrens erreichen können, liegt in einer Besonderheit des niederländischen Rechts, das den Namen *novum* trägt. Ein Novum ist ein Faktum, das noch nicht bekannt war, als das Urteil gesprochen wurde. Erst wenn ein solches Novum auftaucht, das den Richter seinerzeit, wenn es ihm bekannt gewesen wäre, vielleicht zu einem anderen Urteil hätte kommen lassen, kann der Prozess neu aufgerollt werden. Im Umkehrschluss heißt dies aber, dass ein Urteil unwiderruflich ist, so lange kein neues Faktum auftaucht. Auch wenn festgestellt werden kann, dass ein Richter beim Fällen seines Urteils offenkundig geschlafen und den Angeklagten zu Unrecht verurteilt hat, gilt dies nicht als neues Faktum.

In der Praxis würde dies also bedeuten, dass jemand, der in den Niederlanden rechtskräftig verurteilt worden ist, seine Strafe absitzen muss, bis ein solches Novum auftaucht – also sich etwa der wahre Täter zu erkennen gibt. Hier kommt den Niederländern jedoch (zum Glück) wieder einmal ihr **(→) Improvisation**stalent zugute. Wenn starke Zweifel an der Rechtmäßigkeit eines Urteils aufkommen und die Wellen in der Öffentlichkeit hochschlagen, „tut der *Hoge Raad* [die oberste Berufungsinstanz in den Niederlanden] so, als ob auf dem Höhepunkt all der Aufregung zufällig gerade ein Novum aufgetaucht ist" (Israëls 2010, S. 36).

So fühlte sich der Gutachter im Mordfall von Putten, der Erfinder der „Schöpftheorie", angesichts der anhaltenden Kritik an seiner Konstruktion offenbar genötigt, sein Gutachten mit dem (im Übrigen unzutreffenden) Argument zu widerrufen, dass er seinerzeit nicht vollständig informiert gewesen sei – ein Eingeständnis, das der Hoge Raad als Novum akzeptierte und das somit den Weg für eine Wiederaufnahme des Verfahrens frei machte. „Die Akzeptanz dieses Widerrufs als Novum ist umso merkwürdiger, als es zu den festen Rechtsgrundsätzen des Hoge Raad gehört, dass die Meinung eines Gutachters normalerweise niemals ein Novum sein kann", stellt Han Israëls (Ebd., S. 37) fest. Eigentlich auch verständlich, denn „wenn Meinungen von Gutachtern ein Novum darstellen würden, wäre es schon sehr einfach, ein abgeschlossenes Strafverfahren neu zu eröffnen. Schließlich lässt sich immer irgendwo ein Sachverständiger finden, der bereit ist, eine völlig neue, revolutionäre Meinung zu lancieren."

Königreich der Niederlande

(→ Holland, Niederlande, Königreich der Niederlande)

Koffie

Wenn es *ein* niederländisches Nationalgetränk gibt, dann ist es der Kaffee. Er wird überall und zu jeder Gelegenheit getrunken: zum Frühstück, während der Arbeit, beim Plausch mit den Kollegen oder in der Dienstbesprechung, zum Mittagessen und – vor allem – nach dem Abendessen **(→ Essgewohnheiten)**. Bis in die 1980er Jahre hinein war es sogar üblich, Kinofilme etwa nach der Hälfte zu unterbrechen, um eine Kaffeepause einzulegen.

„*Wil je een kopje koffie?*" – Möchtest du eine Tasse Kaffee? – ist deshalb auch meist die erste Frage, die gestellt wird, wenn man in den Niederlanden irgendwo zu Besuch ist. Da der niederländische Kaffee anders gebrannt wird als bei uns, schmeckt er kräftiger – und ist es auch. Anfänger sollten es deshalb zunächst langsam angehen, sonst erleben sie das unangenehme Schwindelgefühl, das sich bei einer Überdosis des braunen Gesöffs unweigerlich einstellt und einem eine schlaflose Nacht bereiten kann.

Kaffee gibt es in mehreren Varianten: als *gewone koffie*, normalen Kaffee, oder als *koffie verkeerd*, Milchkaffee. Natürlich wird ebenfalls gern Espresso und Cappuccino getrunken. Seit einigen Jahren haben auch in den Niederlanden die Kaffeepads Einzug gehalten. Da sie billiger sind als bei uns, stellen sie für viele Deutsche *den* Grund dar, einmal wieder einen Abstecher in die Niederlande zu machen, um den Vorrat an Kaffeepads aufzufrischen **(→ HEMA)**.

Kaffee wird in der niederländischen Kultur als eine Art Allzweckwaffe eingesetzt. „Festgefahrene Verhandlungen oder peinliche Gesprächssituationen, etwa bei Familienfesten, werden gerne entschärft mit der aufgesetzt fröhlichen Frage *Wil er nog iemand koffie?* Möchte noch jemand Kaffee? Man hält kurz inne, gießt jedem ein Tässchen ein – und gleich sieht die Welt wieder viel freundlicher aus" (Schürings 2003, S. 55).

So mag es denn den Besucher aus dem Ausland auch nicht verwundern, wenn er – insbesondere in Amsterdam – an jeder Ecke einen sogenannten *Coffeeshop* sieht. Doch hierbei handelt es sich nicht um Cafés – obwohl man auch in einem Coffeeshop notfalls einen Kaffee bestellen kann –, sondern um eine Verkaufsstelle für weiche Drogen wie Haschisch und Marihuana.

Kolonialgeschichte

Mit der Gründung der beiden Handelskompanien **(→) VOC und WIC** im 17. Jahrhunderts begann der Aufstieg der Niederlande zu einer der bedeutendsten Kolonialmächte der Welt. In Nord-, Mittel- und Südamerika, in Afrika und – insbesondere – in Asien: Überall entstanden neue Kolonien, deren Auflistung allein bereits mehr als eine Buchseite füllen würde. Um 1650, auf dem Höhepunkt ihrer Macht, wurde etwa die Hälfte des Welthandels über die VOC und die WIC abgewickelt. Gehandelt wurde dabei mit allem, was Gewinn versprach: Gewürze, Kaffee, Tee, Textilien, Baumwolle sowie, besonders profitabel, Opium und Sklaven.

Trotz einiger Misserfolge – man verlor etwa eine nordamerikanische Siedlung namens Nieuw-Amsterdam an die Briten, die den kleinen, schäbigen und völlig heruntergekommenen Ort flugs in „New York" umtauften – konnten die Niederlande ihre Vormachtstellung über lange Zeit bewahren. Doch der Niedergang und die Auflösung der beiden mächtigen Handelskompanien gegen Ende des 18. Jahrhunderts läutete auch den allmählichen Niedergang des Kolonialreichs ein. Immerhin blieb das Land jedoch noch bis zur Mitte des 20. Jahrhunderts die drittgrößte Kolonialmacht der Welt.

Die bedeutendste Kolonie der Niederlande war *Indië*: Niederländisch-Indien beziehungsweise Insulinde, das heutige Indonesien. Etliche Niederländer besaßen dort bis in die 1940er Jahre Tee-, Kaffee- oder Gummiplantagen, so dass die Kolonialgeschichte im kollektiven Bewusstsein der Niederlande noch immer präsent ist. Der niederländische Autor Geert Mak schildert in seinem Buch *Das Jahrhundert meines Vaters* eindringlich das Leben auf dem fernen Inselarchipel und die Bedeutung, die die Kolonie für das niederländische Kernland hatte:

> „Der Besitz Niederländisch-Indiens gehörte in jeder Beziehung zu den Sicherheiten der damaligen Welt. Im letzten ‚kolonialen' Jahr, 1938, kam schätzungsweise ein Siebtel des Nationaleinkommens direkt oder indirekt aus Indië. Allein in den Niederlanden fanden dank der Kolonien etwa hunderttausend Menschen Arbeit, beispielsweise in der Schifffahrt, dem Kaffee-, Tee- oder Kautschukhandel sowie in der Zucker- und Tabakindustrie. Die Wirtschaft einer Stadt wie Amsterdam hing zu einem Großteil vom kolonialen Import ab. Außerdem war das reiche Indië ein wichtiges Element innerhalb des prekären Machtgleichgewichts, mit dem sich die Niederlande zwischen den europä-

ischen Mächten behaupten konnten. Dadurch war die Kolonie auch unlösbar mit dem Fortbestand der Nation selbst verbunden."

Nach dem Ersten Weltkrieg lebten etwa 170.000 Europäer in Niederländisch-Indien, hauptsächlich Niederländer. Die größte Gruppe der Nicht-Niederländer bestand – mit knapp 3.500 Personen – aus Deutschen, die zum Teil bereits im 18. Jahrhundert eingewandert waren (vgl. Roowaan 2006, S. 195). Doch angesichts der Ausdehnung des Archipels, das, auf europäische Verhältnisse übertragen, von der Türkei bis nach Irland reichte und auf dessen 6.000 (bewohnbaren) Inseln gut 60 Millionen Menschen lebten, bildeten selbst alle Europäer zusammengenommen eine verschwindend geringe Minderheit. Dass die niederländische Kolonialmacht sich dort so lange behaupten konnte, verdankte sie deshalb weniger ihrer zahlenmäßigen Präsenz vor Ort, als vielmehr einer geschickten Politik des „Teile und herrsche", mit der sie einzelne Stammesfürsten mit Privilegien versorgte und sie zugleich gegeneinander ausspielte. Wie dies funktionierte, lässt sich eindrucksvoll in dem berühmten Roman *Max Havelaar* des niederländischen Autors Eduard Douwes Dekker alias Multatuli aus dem Jahre 1860 nachlesen **(→ Niederländische Literatur)**.

1942 fielen japanische Truppen in Indonesien ein. Niederländische Frauen und Kinder wurden in Internierungslager verschleppt, die Männer mussten Zwangsarbeit leisten. Noch während des Krieges hatte sich die indonesische Unabhängigkeitsbewegung gegründet, die nach 1945 durch die wiedererstarkte niederländische Kolonialmacht blutig bekämpft wurde. „Die in die Defensive gedrängten niederländischen Soldaten ergriffen Maßnahmen, die sich kaum von denen der deutschen Truppen in den besetzten Niederlanden unterschieden: standrechtliche Exekutionen, Mord an Unschuldigen, um ‚Exempel zu statuieren', Folter von Gefangenen, Niederbrennen von Häusern oder sogar ganzen Dörfern", so der Historiker Friso Wielenga (2008, S. 302) über diesen, euphemistisch als *politionele acties*, „Polizeiaktionen", bezeichneten Krieg gegen die Bevölkerung, der Zehntausenden Indonesiern das Leben kostete.

Im Jahre 1949 erlangte Indonesien schließlich seine Unabhängigkeit. Die Niederländer wurden enteignet und kehrten in ein ihnen inzwischen oft völlig fremdes Heimatland zurück. Indonesier, die, wie die Molukker, auf Seiten der niederländischen Besatzungsarmee gekämpft hatten, erhielten die Möglichkeit, in die Niederlande überzusiedeln.

Was nun noch an kolonialen Besitztümern der Niederlande übrig war – die karibischen Niederländischen Antillen und das an der Nordküste Südamerikas gelegene

Suriname –, wurde 1954 auf Druck der USA zu gleichberechtigten Partnern der Niederlande erklärt.

1975 wurde Suriname unabhängig. Kurz zuvor, nachdem die Niederlande angekündigt hatten, nach der Unabhängigkeit Surinames ihre Grenzen für die Surinamer schließen zu wollen, beschlossen viele Surinamer, ins Mutterland auszuwandern, solange dies noch möglich war. Auf diese Weise gelangten schließlich mehr als 130.000 von ihnen in die Niederlande, von denen viele später ihre Familienangehörigen nachholten. Derzeit leben gut 300.000 Bürger surinamischer Herkunft oder Abstammung in den Niederlanden – eine ganze Menge, wenn man bedenkt, dass in Suriname selbst nur etwa 500.000 Menschen leben.

Bei den Niederländischen Antillen lagen die Dinge komplizierter. 1954 war den zu den Kleinen Antillen gehörenden Karibikinseln Aruba, Bonaire, Curaçao, Sint Maarten, Saba und Sint Eustatius das Selbstbestimmungsrecht bei der Regelung ihrer internen Angelegenheiten gewährt worden. Die Außen- und Verteidigungspolitik blieben jedoch weiterhin in der Zuständigkeit des Königreichs der Niederlande. Aruba, das seine Unabhängigkeit anstrebte, trennte sich 1986 von den Niederländischen Antillen und wurde zu einem autonomen Staat innerhalb des Königreichs. Die weiteren Schritte zur vollständigen Unabhängigkeit wurden allerdings auf Bitten Arubas 1990 unterbrochen. Die übrigen fünf Inseln beschlossen 2010, die Niederländischen Antillen aufzulösen und, wie Aruba, entweder als autonome Länder (Curaçao und Sint Maarten) beziehungsweise als „Besondere Gemeinden" der Niederlande weiterzumachen. Auf den Antillen kam es zu ähnlichen Migrationsbewegungen in Richtung Niederlande, wenn auch in bescheidenerem Umfang, wie es sie in Suriname gegeben hatte. Aktuell leben etwa 100.000 Personen mit antillanischen Wurzeln in den Niederlanden. Die Inseln der ehemaligen Niederländischen Antillen selbst haben zusammengenommen etwa 210.000 Einwohner.

Konsenskultur

(→ Gleichheit und Konsens)

Niederländische Küche

Von einer „niederländischen Küche“ wie etwa von der „französischen Küche“ zu sprechen, wäre wohl übertrieben: Das Angebot an typisch niederländischen Gerichten ist überschaubar und funktioniert nach dem Prinzip „viel und warm“. „Auch in Bezug auf die Esskultur war die calvinistische Nüchternheit von großem Einfluss“, weiß Niederlande-Kennerin Ute Schürings (2003, S. 53 f.). „Essen muss satt machen, darf nicht viel kosten und sollte vor allem die Arbeit nicht beeinträchtigen.“ **(→ Religion)**

Ein Ergebnis dieser kulinarischen Grundhaltung ist etwa der *stamppot*, bei dem Kartoffeln zusammen mit verschiedenen Gemüsen wie Grünkohl, weißen Bohnen, Möhren, Endivie oder Weißkohl gekocht und anschließend zu einem Brei zerstampft werden. Eine Variante des „Stampftopfs“ ist der *hutspot*, bei dem Kartoffeln, Möhren und Zwiebeln das Grundgerüst bilden. Das Ganze wird, aufbereitet mit Butter oder *jus*, Bratensaft, heiß serviert – und ist merkwürdigerweise unglaublich *lekker*!

Lecker ist ebenfalls die *erwtensoep* oder *snert*, die niederländische Erbsensuppe, die geschmacklich der deutschen Erbsensuppe ähnelt, aber so dickflüssig ist, dass sie schon fast etwas *stamppot*-artiges hat. Wer es traditionell mag und nicht so sehr auf seine Linie achten muss, sollte seinen *snert* zusammen mit der fettigen **(→) HEMA**-Rauchwurst genießen. Nicht zu verschmähen ist auch der *uitsmijter*, den wir als „Strammen Max“ kennen, und den man in Restaurants, aber auch in vielen Kneipen und Cafés bekommen kann: Brot mit Schinken und/oder Käse und mindestens zwei Spiegeleiern oben drauf. Er lässt sich zu jeder Tages- und Nachtzeit essen **(→ Essgewohnheiten)**.

Für den kurzentschlossenen Genießer gibt es den *nieuwe haring*, junger, roher Hering, der mit viel Zwiebeln am Fischstand an der Ecke gegessen wird, und zwar „aus der Hand.“ Ein paar Schritte weiter in der *broodjeszaak* gibt es weiche Semmeln mit allerlei Belag dazwischen, die gleich vor Ort verspeist werden können. Oder aber man geht mal schick *uit de muur* essen. „Aus der Mauer“ bedeutet, dass das Essen – Hamburger, *frikandellen* (lange Fleischröllchen) und *kroketten* (panierte und frittierte Rollen aus Fleischragout) – aus einem großen Speiseautomaten in der Wand gezogen wird, in den man vorher seine Münzen eingeworfen hat. Auch die *frikandellen* und *kroketten* sind sehr lecker, doch der Kenner empfiehlt, lieber nicht zu fragen, was drin ist, sondern sie sich einfach schmecken zu lassen.

Dasselbe gilt für das Lieblings-*toetje* der Niederländer, den traditionellen Nachtisch *vla*. Vla ist eine Art zähflüssiger Pudding, der direkt aus der Packung in das Schälchen gekippt – oder besser: gedrückt – wird. Es gibt ihn in verschiedenen Geschmacksrichtungen wie Vanille, Schoko, Kaffee-Karamell (*hopje*) oder Früchte – die sich beliebig miteinander kombinieren lassen.

Wer es süß mag, dem schmeckt bestimmt auch der *vlaai*, ein gefüllter Obstkuchen beziehungsweise -fladen, der ursprünglich aus dem Süden des Landes stammt, jedoch überall in den Niederlanden zu haben ist. Wenn man die Gelegenheit dazu hat, sollte man sich diese Spezialität auf keinen Fall entgehen lassen. Eine Variante des *vlaai* ist der *rijstevlaai*, der Reisfladen, der auch in der Region um Aachen herum bekannt ist.

Wenn Niederländer einmal auswärts essen gehen, fällt ihre Wahl meist nicht auf das *pannenkoekenhuis*, wo man Pfannkuchen in allen Variationen – zuckersüß bis deftig – bekommt. Sie gehen, wie wir, stattdessen zum Italiener, Griechen und, vor allem, zum Chinesen oder Indonesier, den es an fast jeder Ecke gibt.

Essen „aus der Mauer“

Niederländische Literatur

Niederländer lesen gern und viel. Neuerscheinungen von Romanen oder Sachbüchern werden in der Öffentlichkeit sehr viel stärker zur Kenntnis genommen als bei uns und sind, neben dem **(→) Wetter**, ein bevorzugtes Gesprächsthema etwa beim *borrel*, also dem geselligen Umtrunk **(→ Feierbiester)**, oder während der Kaffeepause im Betrieb **(→ koffie)**. Dabei sind Bücher in den Niederlanden in der Regel teurer als bei uns: Meist fängt der Spaß bei 25 Euro an, aber es kann durchaus passieren, dass man 40 Euro und mehr für ein Buch berappen muss. Doch oft lohnt es sich. Denn anders als bei uns fehlt es der niederländischen Literatur gern an der „gesellschaftlichen Relevanz“, einer bleiernen Gedankenschwere und der philosophischen Durchdringung des Sujets, die den deutschen Roman erst zu einem richtigen Roman machen. Dadurch ist die Literatur der Niederlande im Allgemeinen äußerst lesbar und oft auch sehr unterhaltsam. Selbst ein Roman wie *Het Bureau* (Das Büro) von J.J. Voskuil mit seinen 5.000 (!) Seiten liest sich weg wie nichts **(→ Bureau-Alltag)**.

Doch was ist das überhaupt: niederländische Literatur? Zunächst einmal ist es natürlich die Literatur aus den Niederlanden selbst, mit Romanautoren wie Gerard Reve, Willem Frederik Hermans und Harry Mulisch, die auch ehrfürchtig als „Die Großen Drei“ bezeichnet werden. Zur niederländischen Literatur gehören aber auch die flämischen Autoren wie Willem Elsschot, Hugo Claus und Dimitri Verhulst – weil sie auf Niederländisch geschrieben haben oder noch schreiben und weil ihre Bücher fast alle bei einem Verlag in den Niederlanden erscheinen. Auch Autoren wie Frank Martinus Arion, die von den Niederländischen Antillen oder aus Suriname stammen und ihre Werke auf Niederländisch veröffentlichen, zählen dazu.

Den ersten modernen niederländischen Roman hat ein gewisser Multatuli geschrieben, das Pseudonym des Ex-Kolonialbeamten Eduard Douwes Dekker (1820-1887). Sein Roman *Max Havelaar* (1860) beschreibt die Zustände in der damaligen Kolonie Niederländisch-Indien, dem heutigen Indonesien, und sorgte bei seinem Erscheinen für einiges Aufsehen. Der *Max Havelaar* wird in den Niederlanden bis heute gern gelesen und gilt als das wichtigste Buch seiner Zeit. **(→ Kolonialgeschichte)**

Wollte man alle lesenswerten niederländischen Schriftsteller und – vor allem – Schriftstellerinnen (wie z.B. Hella Haasse, Connie Palmen oder Margriet de Moor, um einmal willkürlich drei Namen herauszupicken) kurz vorstellen, würde es ein ganzes Buch füllen. Möchte man sich als deutscher Leser einen ersten Überblick verschaffen, kann man am besten einfach einmal eine gut sortierte Buchhandlung in Deutschland besuchen – und man wird überrascht sein, wie viele niederländische Autorinnen und Autoren man dort findet. Denn seit 1993, als die Niederlande und Flandern „Schwerpunktland“ auf der Frankfurter Buchmesse waren, hat die niederländische Literatur bei uns einen Höhenflug erlebt und Autoren wie A.F.Th. van der Heijden, Maarten ’t Hart, Cees Nooteboom, Leon de Winter, Thomas Rosenboom, Arnon Grunberg, Jan Siebelink oder Gerbrand Bakker zu einem begeisterten deutschen Publikum verholfen.

Große Literatur findet sich jedoch nicht nur in den Romanen, die aus den Niederlanden zu uns kommen, sondern auch bei einer Reihe von Sachbuchautoren wie Geert Mak, Frank Westerman, Douwe Draaisma oder Joris Luyendijk. Sie lassen sich einem in den Niederlanden hoch entwickelten und von den Lesern sehr geschätzten Genre zurechnen, dem „literarischen Sachbuch“. Die Themen erscheinen auf den ersten Blick manchmal vielleicht etwas bizarr und abseitig, doch unter den Händen ihrer Autoren werden sie zu echten Pageturnern.

In einer Darstellung der Literatur unserer Nachbarn darf aber auch ein anderes, typisch niederländisches Genre nicht fehlen: die *stukjes*. Jede Zeitung, die etwas auf sich hält, hat einen oder mehrere *stukjesschrijvers*, wörtlich „Stückchenschreiber“, unter Vertrag: Kolumnisten, die wöchentlich oder sogar täglich über Themen berichten, die sie und das Land bewegen. Diese Kolumnen erscheinen in einer festen Rubrik, sind oft ein Gesprächsthema unter ihren Lesern und damit auch ein wenig meinungsbildend. Berühmt geworden sind zum Beispiel die „Kronkels“ von Simon Carmiggelt oder die „Achterafjes“ von Karel van het Reve, des Bruders von Gerard Reve. Der derzeit wohl bekannteste, leider bislang immer noch nicht auf Deutsch übersetzte Kolumnist ist der *stukjesschrijver* der Tageszeitung *NRC Handelsblad*, Frits Abrahams, der fast täglich die *Dag*-Rubrik mit seinen, mal spritzigen, mal tiefschürfenden, jedoch immer lesenswerten Kolumnen füllt.

Dass die niederländische Literatur bei uns so erfolgreich ist, liegt, neben der Qualität der Literatur selbst, vor allem an drei Faktoren: der Geschäftstüchtigkeit der Verlage, der geschickten Förderpolitik durch den *Nederlands Letterenfonds* (Niederländischer Literaturfonds) und – nicht zuletzt – der Qualität der Übersetzungen.

Die großen Literaturverlage haben fast alle ihren Sitz in **(→) Amsterdam**, genauer gesagt, im Grachtengürtel der historischen Altstadt. Da dort auch viele der Autoren leben und der *Letterenfonds* ebenfalls nicht weit ist, sind die Wege kurz, und die Informationen können schnell fließen. Für Literaturagenten und Übersetzer bedeutet dies, dass sie, wenn sie in der Stadt sind, in wenigen Stunden eine ganze Reihe von

Verlagen und Autoren abklappern können, um anschließend im *Letterenfonds* über mögliche Übersetzungsförderungen zu verhandeln.

Der *Nederlands Letterenfonds* ist seit 1991 mit der Förderung der niederländischen Literatur im Ausland betraut. Dabei bedeutet Förderung nicht nur, Übersetzungen oder Lesereisen von Autoren zu subventionieren, sondern auch, aktiv an der Qualität der Übersetzungen zu arbeiten. So erhalten ausländische Verlage nur dann eine Übersetzungsförderung, wenn der vorgeschlagene Übersetzer zuvor vom Fonds zertifiziert, das heißt auf seine Qualifikation hin beurteilt worden ist. Gleichzeitig bemüht sich der *Letterenfonds* um eine ständige Weiterbildung der Übersetzer und unterstützt sie, wo er nur kann – beispielsweise durch die Einladung in das Amsterdamer *Vertalershuis*, das Übersetzerhaus, um dort auf Kosten des Literaturfonds ein paar Wochen in Ruhe an einer Übersetzung arbeiten zu können.

Der *Letterenfonds* hat derzeit etwa hundert literarische Übersetzerinnen und Übersetzer im Bestand, die Literatur aus dem Niederländischen ins Deutsche übersetzen – was bereits einiges über den Umfang der niederländischen Literatur in Deutschland aussagt. Oft haben die Übersetzer ein enges Verhältnis zu „ihren" Autoren: Man besucht sich, wenn man im Lande ist, trinkt ein *kopje koffie* zusammen oder schaut gemeinsam beim Verlag vorbei (und trinkt dort dann seinen Kaffee).

Höhepunkt des literarischen Jahres in den Niederlanden ist der sogenannte *Boekenbal*, der traditionell zur Eröffnung der *Boekenweek*, der Bücherwoche, im März in Amsterdam stattfindet. Da Eintrittskarten zu diesem Ball ausschließlich über die Verlage an ihre Mitarbeiter, Autoren und sonstigen Geschäftskontakte vergeben werden, handelt es sich um eine sehr elitäre Veranstaltung. Dabei wird auch schon einmal der ein oder andere *borrel* zu viel getrunken und es kommt zu heftigen Wortgefechten. Wer was getrunken und daraufhin wen angepöbelt hat, lässt sich am nächsten Morgen dann detailliert bei den *stukjesschrijvers* der Tageszeitungen nachlesen.

Lockerheit

Uns Deutschen fällt es oft schwer, die eigene Hemmschwelle zu überwinden und eine Sprache zu sprechen, die wir nicht perfekt beherrschen. Für Niederländer ist das nicht so ein Problem: zum einen, weil sie in einem so kleinen Sprachraum leben, dass sie einfach gezwungen sind, sich in anderen Sprachen verständlich zu machen, zum anderen, weil sie von Kindesbeinen an mit anderen Sprachen konfrontiert werden.

So werden zum Beispiel Kino- oder Fernsehfilme grundsätzlich nicht synchronisiert. Auch die Besprechung eines englischen, französischen oder deutschen Buchs in einer Zeitung ist keine Seltenheit – denn angesichts eines relativ kleinen Lesermarktes lohnt es sich bei den meisten Büchern nicht, sie ins Niederländische zu übersetzen. So ist man gezwungen, sie im Original zu lesen.

Diese Routine im Umgang mit Fremdsprachen führt dazu, dass Niederländer wenig Scheu empfinden, ihre Kenntnisse aktiv anzuwenden. Insbesondere gilt dies für Deutsch: Die Niederländer haben längst bemerkt, dass man von den Nachbarn auch dann verstanden wird, wenn man sich nicht in den letzten Feinheiten der deutschen Sprache mit all ihren *naamvallen*, also den Fällen, den Geschlechtern und dem, was Niederländer gern als *Umläute*, also Umlaute, bezeichnen, auskennt. Hierfür haben sie eine eigene Sprache entwickelt, das sogenannte *Steenkolenduits*. Wie dieses (→) **„Steinkohlendeutsch“** klingt, zeigt der folgende Auszug aus der Werbebroschüre eines Restaurants in Zeeland:

> *„ongezwungen Atmosphere / lekker essen, trinken, lesen, praten / het ganze jaar geöffnet / ruim zonnig terras / goed erreichbaar, grote Parkplatz / kindfreundliche speeltuin / Pony reiten im Sommer / bezichtiging werkende Mühle uit 1835 [...] En im winter? Lekker ausblasen na een stevige Strandwanderung en wieder warm worden onder het Genuss van een stevige Schnapps en een stevige soep of stamppot.“*

Dieses Beispiel deutet aber noch auf einen anderen wichtigen Aspekt hin: Niederländer sind im Allgemeinen etwas lockerer als Deutsche. Oder anders formuliert: Man ist weniger an der Etikette (in diesem Fall: korrektes Deutsch) als am Ziel der ganzen Operation – hier: deutsche Touristen anzulocken – interessiert. Stünde das Restaurant im Schwarzwald, würde sein deutscher Besitzer für die Anwerbung niederländischer Touristen vermutlich entweder ein Übersetzungsbüro beauftragen oder aber ganz schweigen.

Diese Lockerheit – hinter der sich oft sehr viel Effizienz und soziale Kompetenz verbirgt – zieht sich durch alle Lebensbereiche der Niederländer und ist für einen Deutschen, der es eher etwas steif und formell gewöhnt ist, eine echte Erholung. Ihm, der den Drang zum Perfektionismus quasi mit der Muttermilch eingesogen hat, erscheint die niederländische Kultur daher oft als das Reich der Freiheit. Denn wenn wir einmal ehrlich sind: Wer von uns ist schon wirklich perfekt und macht keine Fehler?

Locker oder zumindest doch lockerer als in Deutschland geht es auch an niederländischen Arbeitsplätzen **(→ Arbeits- und Betriebskultur)** zu: Die Hierarchien sind flach, es herrscht Teamgeist, und die Kollegen und Vorgesetzten werden geduzt **(→ Duzen und siezen)**. Bei den Arbeits- und Dienstbesprechungen, der *vergadering* oder dem **(→) *overleg***, wird jeder um seine Meinung gebeten, egal, welche Position er im Unternehmen hat. Unter Kollegen herrscht oft eine freundschaftliche Atmosphäre. So ist es nicht verwunderlich, dass viele Deutsche, die eine Weile in den Niederlanden gearbeitet haben, sich nicht mehr vorstellen können, jemals wieder an einem deutschen Arbeitsplatz stehen zu müssen.

Madurodam

Niederländer mögen es klein. Man setzt sich in sein *autootje* und unternimmt mit seinem *vriendinnetje* ein *uitje* in die freie Natur, geht hinterher ein *hapje* essen, gern mit einem leckeren *toetje* und einem *kopje koffie* zum Abschluss, und macht anschließend ein *dutje*, ein Nickerchen. Es gibt nichts, was man nicht verkleinern kann, selbst ein Wort wie *groot*, groß, lässt sich im Niederländischen problemlos zum *grootje*, zum Großmütterchen, miniaturisieren.

Doch diese liebenswerte Neigung unserer Nachbarn zur Verkleinerung macht bei der Sprache **(→ Diminutive)** nicht halt – Madurodam ist der Beweis! Madurodam ist ein Miniaturpark, in dem es die Niederlande in verkleinerter Form zu bestaunen gibt. 1952 im Den Haager Stadtteil Scheveningen eröffnet, zeigt Madurodam auf etwa 18.000 Quadratmetern über 300 Modelle wichtiger Gebäude, Landschaften und Technikobjekte des Landes – alles im Maßstab 1 : 25. Der Name „Madurodam" leitet sich von den Stiftern ab, Herrn und Frau Maduro, die darin das Andenken an ihren 1945 im Konzentrationslager Dachau umgekommenen Sohn George Maduro bewahren wollten.

Madurodam ist wie eine richtige Stadt angelegt: mit einer historischen Altstadt, Neubauvierteln, einem See- und einem Flughafen, Straßenzügen, Kanälen, Schienen und viel Landschaft drum herum. Belebt wird das Ganze durch Autos, Boote, Flugzeuge, Züge, Straßenbahnen und Plastikminiaturniederländer, die die Straßen und Plätze bevölkern.

Auch sonst ähnelt Madurodam einer real existierenden Stadt. Beispielsweise wird es seit seiner Gründung von einem Jugendstadtrat regiert, zu dessen wichtigsten Aufgaben die Wahl eines Bürgermeisters oder einer Bürgermeisterin gehört. Die bekannteste oberste Repräsentantin der „Klein"-Stadt hieß Beatrix, genauer gesagt: Prinzessin Beatrix, die dieses hohe Amt von der Eröffnung des Parks bis zu ihrer Krönung 1980 innehatte **(→ Oranje boven)** und hier schon mal ein wenig üben konnte.

In anderen Punkten unterscheidet sich Madurodam allerdings von einer durchschnittlichen niederländischen (Groß-) Stadt. „Madurodam", sagt dessen ehemaliger Bürgermeister Piebe Koster, selber ein Zwei-Meter-Mann und bei seiner Wahl gerade einmal 17 Jahre alt, „ist eine Stadt mit einem Lächeln, ohne Krankenhäuser, Graffiti und Hundedreck".

Madurodam steht tatsächlich (auch) ein wenig für die Sehnsucht vieler Niederländer nach einer heilen Welt, in der die Dinge (im wahrsten Sinne des Wortes) überschaubar und Geißeln der Menschheit wie Krankheit und Tod besiegt sind. Deshalb braucht Madurodam beispielsweise auch weder einen Friedhof noch ein Krematorium.

Aus diesem Grund auch hat sich der Begriff „Madurodam“ als Synonym für politische Naivität eingebürgert. So bezeichnete die Politikerin Ayaan Hirsi Ali den Bürgermeister von Amsterdam, Job Cohen, einmal als „Bürgermeister von Madurodam“, weil er ihres Erachtens dem islamischen Extremismus in seiner Stadt allzu naiv gegenüberstehe.

Malerei

Viele weltberühmte Maler stammen aus den Niederlanden – fast jeder von uns kann zwei oder drei nennen: Hieronymus Bosch (1450-1516) etwa, Rembrandt (1606-1669) und, vor allem, Vincent van Gogh (1853-1890), den Maler der „Sonnenblumen“ und der berühmten „Kartoffelesser“, dem die Stadt **(→) Amsterdam** sogar ein eigenes Museum gewidmet hat.

Ihre Blüte erlebte die niederländische Malerei im 17. Jahrhundert, dem „Goldenen Zeitalter“, als die Niederlande zu einer Weltmacht aufstiegen und Amsterdam zu einer internationalen Metropole des Handels, der Wissenschaft und der Künste wurde **(→ Republik der Sieben Vereinigten Niederlande)**. Der wichtigste Vertreter der Malerei in dieser Epoche war zweifelsohne der Maler, Radierer und Zeichner van Rijn, besser bekannt unter seinem Vornamen Rembrandt. Sein berühmtestes Gemälde, „Die Nachtwache“, ein Meisterwerk der sogenannten Hell-Dunkel-Malerei, entstand 1642. Es zeigt eine Amsterdamer Schützengilde und hängt heute als Hauptattraktion im Rijksmuseum in Amsterdam, nicht weit vom Van-Gogh-Museum entfernt. Sehenswert ist aber auch das Rembrandthuis in der Amsterdamer Breestraat, das Haus, in dem der Maler von 1639 bis 1656 gelebt hat und das heute ein Museum ist.

Doch es gab in dieser Zeit eine ganze Reihe weiterer berühmter niederländischer Maler, etwa Jacob Izaacksoon van Ruisdael (1628/29-1682), der sich auf Landschaftsmalerei und maritime Motive spezialisiert hatte, oder Jan Vermeer (1632-1675), dessen „Mädchen mit dem Perlenohrgehänge“ auch heute noch jedes Kind kennt. Fest mit dem 17. Jahrhundert verbunden sind aber auch der Porträtmaler Frans Hals (1580/85-1666) sowie der mit seinen satirischen, zum Teil sehr derben Genrebildern bekannt gewordene Maler Jan Steen (1626-1679), der seine Landsleute vor allem als fröhlich saufende **(→) „Feierbiester“** zeigt. Deshalb spricht man in den Niederlanden heute noch von einem „Jan-Steen-Haushalt“, wenn man sagen will, dass es aussieht wie bei Hempels unterm Sofa.

Das 19. und 20. Jahrhundert brachte in den Niederlanden, neben Vincent van Gogh, vor allem zwei berühmte Maler hervor. Dies ist zum einen Piet Mondrian (1872-1944), einer der Begründer der abstrakten Malerei, der vor allem für seine Bilder voller roter, blauer, gelber und schwarzer Rechtecke und Quadrate bekannt ist. Zum anderen ist dies M.C. Escher (1898-1972), ein Künstler und Grafiker, der mit seinen Darstellungen unmöglicher, paradoxer Figuren Furore machte. Bekannt ist etwa sein Werk „Wasserfall“. Es zeigt ein Gebäude, in dem sich ein Wasserlauf von einem Wasserrad aus fortbewegt, durch eine optische Täuschung scheinbar abwärts fließt und als Wasserfall auf dasselbe Wasserrad fällt, das das Wasser schließlich wieder hinauf- beziehungsweise hinunterbefördert.

Moffen

Mof – Plural *moffen* – ist die abschätzige Bezeichnung der Niederländer für einen Deutschen. Die Steigerungsform ist *rotmof*, Drecksmoffe, und wird etwa für deutsche Fußballnationalspieler **(→ Fußball)** benutzt, die ein Tor gegen die Mannschaft von Oranje schießen. Die von *mof* abgeleitete Landesbezeichnung lautet *Moffrika*, die dort gesprochene Sprache wird schon mal als *Moffrikaans* bezeichnet. Mit dem Begriff *mof* kann im Prinzip jeder Deutsche belegt werden – das heißt bis auf die Mitglieder der königlichen Familie mit ihren teilweise ausgesprochen deutschen Wurzeln. Denn dann würde man sich schließlich ein bisschen ins eigene Fleisch schneiden.

Das Wort *mof* gibt es seit dem 16. Jahrhundert, doch woher es stammt, wurde nie ganz geklärt. Eine Erklärung lautet, dass es von „Muff" beziehungsweise „muffelig" kommt – offenbar ein Hinweis auf den Stand der Körperpflege bei unseren Vorfahren. Nach einer anderen Erklärung leitet sich das Wort vom niederdeutschen „Muffe" ab, das so viel wie „Griesgram" bedeutet. Wieder andere glauben, dass es vom mittelniederländischen *moffelen* kommt, das für „meckern", „knurren", „brummen" oder „undeutlich reden" steht. Doch wie dem auch sei: *Moffen* galten als steif und plump – eben typisch deutsch. Während der deutschen Besatzung **(→ Besatzung und Widerstand)** des Landes im Zweiten Weltkrieg wurde das Wort synonym für „Nazi" gebraucht. So sprach Königin Wilhelmina in ihren Ansprachen an das Volk vom Londoner Exil aus regelmäßig über den „Kampf gegen die Moffen", und Niederländerinnen, die eine Beziehung zu Wehrmachtssoldaten geknüpft hatten, wurden als *moffenhoer* beschimpft, als „Moffenhure".

Der Niederländer Dik Linthout, Niederländisch-Dozent am Goethe-Institut in Amsterdam und selbst mit einer Deutschen verheiratet, hat sich in seinem Buch *Frau Antje und Herr Mustermann* mit dem Bild des Deutschen in den Niederlanden und umgekehrt beschäftigt. Er kommt dabei zu dem Schluss, dass nicht nur die Unterschiede zwischen Niederländern und Deutschen äußerst klein sind, sondern dass die Niederländer den Deutschen sogar mehr ähneln als die Deutschen sich selbst. Niederländer seien noch größer, noch blonder und hätten noch häufiger blaue Augen als die Deutschen – Außenstehende würden die beiden Völker kaum auseinanderhalten können. So sähen Engländer etwa keinen Unterschied zwischen dem niederländischen und dem deutschen Humor – das, obwohl doch jeder wisse, dass die Deutschen keinerlei Gefühl für Humor hätten, während die Niederländer zu den humorvollsten Völkern der Welt gehörten, wie Linthout (2010, S. 31 f.) augenzwinkernd hinzufügt.

Den „typischen Deutschen“ gibt es Dik Linthout zufolge deshalb auch nicht – wohl aber den „untypischen“. „Deutsche, die wir Niederländer nett finden, das heißt die dieselben stabilen positiven Eigenschaften zu haben scheinen wie wir selbst, belegen wir mit dem Prädikat ‚nicht typisch‘ und halten das nicht nur für ein Kompliment, sondern für das höchste Lob, das man einem Deutschen überhaupt spenden kann. Und weil die meisten Deutschen nicht wissen, dass sie das Volk sind, an dem Niederländer ihren Narzissmus der kleinen Unterschiede ausleben, reagieren sie leicht verwundert und manchmal sogar irritiert und schockiert auf diese positiv gemeinte Zuschreibung“ (Ebd., S. 33 f.). **(→ Niederländisch-deutsche Nachbarschaft)**

Musik

Beim Stichwort „Musik“ denkt man nicht sofort an die Niederlande, doch es gibt eine Reihe von niederländischen Musikern und Musikerinnen, denen eine große internationale Karriere gelang. Ein Beispiel hierfür ist etwa die Rockband Golden Earring, die mit „Radar Love“ 1973 einen Welthit landete. 1961 gegründet, gehören die „Earrings“ heute zu den am längsten bestehenden Rockbands der Welt – nicht einmal die Rolling Stones können ihnen in dieser Beziehung das Wasser reichen. Im Vorprogramm ihrer Konzerte traten Bands wie KISS oder Aerosmith auf. Mit Kollegen wie Santana, Led Zeppelin, den Doobie Brothers, Eric Clapton, Pink Floyd und The Who absolvierten sie gemeinsame Auftritte oder Tourneen.

Einen Welthit landete 1969 auch die niederländische Rockband Shocking Blue mit ihrem Song „Venus“, gesungen von der attraktiven Mariska Veres. Wochenlang stand das Lied in den europäischen und US-Charts auf dem ersten Platz. 1986 wurde „Venus“ von der Girlgroup Bananarama gecovert und konnte so noch einmal ein Nummer-eins-Hit in den Vereinigten Staaten werden. Das Aushängeschild der Shocking Blue, die Sängerin Mariska Veres, starb 2006 an Krebs.

Große internationale Erfolge konnte in den 1970er Jahren auch die niederländische Popgruppe George Baker Selection feiern, die mit ihrem Schmachtfetzen „Paloma Blanca“ 1975 in zahlreichen Ländern die Charts stürmte und dort zum Nummer-eins-Hit wurde. Noch Jahre später war „Paloma Blanca“ *das* Lied, das auf keiner Hochzeit oder etwas bürgerlicheren Party bei uns fehlen durfte und das zum festen Angebot jeder Kneipen-Jukebox gehörte.

Andere Interpreten beackerten weniger den internationalen als vielmehr gezielt den (großen) deutschen Markt – wie zum Beispiel Heintje, *der* Kinderstar der 1960er Jahre, der über einen Auftritt in der ZDF-Fernsehshow *Der Goldene Schuss* schlagartig bei uns berühmt wurde. Leser mittleren Alters werden sich sicher noch gut – wenn auch nicht gern – daran erinnern, dass den Müttern und Tanten die Tränen in die Augen stiegen, wenn der kleine süße Fratz seinen Hit „Mamma“ oder das unsägliche „Heidschi Bumbeidschi“ (oder wie auch immer man das schreiben mag) in die Welt hinausschmetterte.

Im Ausland ebenfalls vor allem in Deutschland bekannt ist beziehungsweise war Herman Brood & His Wild Romance. Herman Brood war nicht nur ein begnadeter Rock- und Bluesmusiker, sondern auch ein talentierter Maler und Lyriker. Der Musiker, eng befreundet mit Nina Hagen, die ihm das Lied „Herman hiess er“ widmete, hatte eine große Leidenschaft für Berlin. Regelmäßig einmal im Jahr, immer zu Weihnachten, kam er in die Stadt, um mit seiner Band im brechend vollen „Quasimodo“ aufzutreten. Dort sang er dann unter anderem, auf Deutsch, seinen Song „Berlin schmerzst“, eines der schönsten und melancholischsten Lieder, die jemals über Berlin geschrieben worden sind. „Warum weinst du kleine Berliner“, heißt es darin, „Heute abend gehts wieder losz / Frische gesichte, dunkle gesichte auf Bahnhof zoo / Alles kommt wieder gut.“ Doch für Herman Brood selbst kam gar nichts wieder gut. Der alkohol- und heroinabhängige Künstler sprang am 11. Juli 2001, nach Beginn einer Entziehungskur, vom Dach des Amsterdamer Hilton-Hotels. In seinem Abschiedsbrief schrieb er, dass ihm ein Leben ohne Drogen nicht mehr lebenswert erscheine.

In Deutschland bekannt waren auch Liedermacher wie Liesbeth List, die in den 1960er und 70er Jahren mit Titeln unter anderem von Jacques Brel, Charles Aznavour und Mikis Theodorakis berühmt wurde, oder Robert Long, der Anfang der 1980er Jahre oft bei uns zu hören war. Sein Song „Feste, Jungs“ wurde später von Katja Ebstein, sehr erfolgreich, neu interpretiert. Long starb 2006 an Krebs.

Der in Deutschland seit langem wohl berühmteste niederländische Liedermacher ist das Multitalent (Sänger, Texter, Komponist, Schriftsteller und Drehbuchautor, Kabarettist, Entertainer, und und und) Herman van Veen, dessen Songs, wie etwa „Ich hab ein zärtliches Gefühl“ und „Kleiner Fratz“, unvergessen bleiben und noch stets an den Lagerfeuern des Landes, unter Gitarrenbegleitung und vorzugsweise mit leichtem van Veenschem Niederländisch-Akzent, gesungen werden.

Eine niederländische Folk-Rock-Formation, die Anfang der 1980er Jahre ebenfalls buchstäblich in aller Munde war, war die Gruppe bots, die mit ihrem Song „Sieben Tage lang“ beziehungsweise „Zeven dagen lang“ so etwas wie die Hymne der deutschen Hausbesetzer-, Antiatomkraft- und Friedensbewegung schuf. Kaum eine Demo, auf der das Lied in diesen Jahren nicht – auf Deutsch oder Niederländisch – gegrölt wurde.

Ein *One-Hit-Wonder* war auch der Niederländer Pierre Kartner, besser bekannt als „Vader Abraham", der Ende der 1970er Jahre mit seinem „Smurfenlied" beziehungsweise dem „Lied der Schlümpfe" große Erfolge sowohl in den Niederlanden als auch bei uns in Deutschland feierte. Kartner war und ist jedoch auch ein erfolgreicher Komponist und Texter und verschaffte etwa Peter Alexander mit „Die kleine Kneipe" (Original: „In 't kleine café aan de haven") dessen größten Hit.

Obwohl nicht in erster Linie ein Sänger, darf in einer Aufzählung niederländischer Musiker sicher Rudi Carrell mit seinem Hit „Wann wird's mal wieder richtig Sommer?" nicht fehlen, die deutsche Cover-Version des Songs „City of New Orleans". Carrell erreichte damit 1975 immerhin Platz 18 in den deutschen Charts.

Das Genre der klassischen Musik beackert der Maastrichter Teufelsgeiger André Rieu und ist damit weltweit erfolgreich. Der Violinist mit einer gediegenen klassischen Ausbildung tourt seit Mitte der 1990er Jahre mit seinem 50-köpfigen „Johann-Strauß-Orchester" um den gesamten Globus. Seine Spezialität sind klassische Stücke in populärer Form, aber auch orchestral vertonte Schlager und Popsongs gehören zu seinem Repertoire. Kritiker halten seine Arrangements für musikalisch etwas oberflächlich, doch sein Publikum ist begeistert. Rieu spielt meist vor ausverkauften Hallen, seit 2008 vorzugsweise in großen Stadien, die er ebenfalls mühelos zu füllen versteht. 2009 verkaufte er allein im ersten Halbjahr über eine halbe Million Tickets bei einem Umsatz von fast 60 Millionen Dollar. Damit schaffte er Platz 4 auf der Hitliste der bestverkauften Konzerttourneen.

Klassik aus den Niederlanden war jedoch auch schon einmal Ende der 60er, Anfang der 70er Jahre des letzten Jahrhunderts mit der Symphonic-Rockband Ekseption angesagt. Ekseption, mit ihrem 2006 verstorbenen Vormann, dem Komponisten und Keyboarder Rick van der Linden, feierte damals große Erfolge mit verrockten Neuarrangements bekannter Klassiker unter anderem von Bach, Beethoven, Albinoni, Mozart und Tschaikowski. Legendär ist bis heute ihr gleichnamiges Album *Ekseption* aus dem Jahr 1969.

Auch Jazzfreunde wurden und werden aus den Niederlanden gut bedient, etwa mit dem bekannten Jazzgitarristen Jan Akkerman oder dem Willem Breuker Kollektief, eine 1974 von Willem Breuker in Amsterdam gegründete Jazz-Formation. Bis zu seinem Tod 2010 leitete der Jazz-Klarinettist, -Saxofonist und -Komponist Breuker sein „Kollektief", das modernen Jazz mit klassischer Musik und vielen populären Stilrichtungen kombinierte.

Doch was wäre ein Abriss über Musik und Musiker aus den Niederlanden ohne Johannes („Jopie") Heesters, den viele bei uns bereits für unsterblich hielten, als er dann am Heiligabend 2011 im stolzen Alter von 108 Jahren schließlich doch noch die Bühne des Lebens verließ. Der gebürtig aus Amersfoort stammende Operettensänger begann seine Karriere im Vorkriegs-Wien, erlebte seine große Zeit jedoch erst mit Operettenverfilmungen und Musikfilmen im nationalsozialistischen Deutschland. Wegen seiner eher unkritischen Haltung dem nationalsozialistischen Regime gegenüber galt er vielen Niederländern als Kollaborateur **(→ Besatzung und Widerstand)**.

Niederländisch-deutsche Nachbarschaft

Das Verhältnis der Niederländer zu den deutschen Nachbarn ist im Großen und Ganzen unkompliziert – solange es nicht um **(→) Fußball** geht. Generell lässt sich sagen, dass man einander problemlos versteht – im wortwörtlichen Sinne, denn die beiden Sprachen **(→ Falsche Freunde)** sind sich in vielen Punkten sehr ähnlich. Mehr noch, die deutsch-niederländische Grenze gilt als die „erotischste" unter allen Grenzen, die wir zu unseren Nachbarn haben: Nirgendwo wird mehr gekuschelt und geheiratet als zwischen Deutschen und Niederländern. Dies scheint insbesondere für deutsche Frauen und niederländische Männer zu gelten. „Irgendetwas musste an der Grenze bei Hengelo, Venlo oder Kerkrade geschehen, das die deutschen Frauen dazu trieb, in Scharen Haus und Hof zu verlassen und sich blindlings in ihr holländisches Abenteuer zu stürzen. Und das schon seit Generationen", schreibt die in Amsterdam lebende Journalistin Annette Birschel (2011, S. 49), die selbst mit einem Niederländer verheiratet war.

Wie kommt es dann aber, dass die Deutschen von Niederländern oft mit so negativen Merkmalen wie übertriebener Gründlichkeit, Besserwisserei, Autoritätsgläubigkeit und autoritärem Auftreten in Verbindung gebracht werden? Eine Erklärung hierfür könnte das bekannte Minderwertigkeitsgefühl kleiner Völker einem übermächtigen Nachbarn gegenüber sein, das sich in Herablassung, vor allem aber in Hohn und Spott äußert, wie der folgende Witz zeigt:

> „Ein Niederländer sieht, wie ein Mann Wasser aus einem Graben trinkt, und er ruft: ‚*Niet doen, dat water is smerig*!' (Nicht trinken, das Wasser ist schmutzig!) Der Mann schaut hoch und fragt, auf Deutsch: ‚Wie bitte?' Antwortet der Niederländer: ‚*Sie müsse met beide Hände trinke!*'"

Ein anderer Witz, in dem es um den 4. Mai geht, also den Tag, an dem die Niederländer ihrer durch Kriege umgekommenen Soldaten und Zivilisten gedenken, hat einen ernsteren Hintergrund. Er verweist auf die bis heute existierende kritische Haltung mancher Niederländer zu Deutschland und zu uns Deutschen:

> „Am 4. Mai, dem Tag der *Nationale Dodenherdenking* in den Niederlanden, fragt ein Deutscher in Amsterdam einen Niederländer, was denn hier los sei. Der Niederländer antwortet: ‚Wir gedenken heute unserer Toten und Gefal-

lenen aus dem Zweiten Weltkrieg.' Sagt der Deutsche: ,Ja, bei uns in Deutschland sind auch sehr viele Menschen umgekommen.' ,Richtig', antwortet der Niederländer, ,das feiern wir morgen, an unserem *Befreiungstag*'."[12]

Die deutsche Besatzung der Niederlande in den Jahren 1940 bis 1945 – mit der Bombardierung Rotterdams, der Ausgrenzung, Deportation und schließlich Ermordung eines Großteils der jüdischstämmigen niederländischen Bevölkerung, dem Terror gegen alle, die sich dem Besatzungsregime in den Weg stellten, und schließlich dem sogenannten „Hungerwinter" 1944/45 – stellt für viele Niederländer immer noch so etwas wie ein nationales Trauma dar und drückt sich in einer etwas herablassenden Haltung allem Deutschen gegenüber aus. **(→ Besatzung und Widerstand)**

Doch die Einstellung zu den **(→)** ***moffen***, wie Deutsche in den Niederlanden manchmal geringschätzig genannt werden, hat sich deutlich geändert. „Deutsche, die jetzt in die Niederlande kommen, werden kaum noch mit der verbitterten antideutschen Einstellung der Nachkriegszeit konfrontiert [...]. Die Einstellungsmuster der jungen deutschen und niederländischen Generationen unterscheiden sich kaum noch voneinander; antideutsch zu sein, ist in ihrem Denken kein Thema mehr. Sie finden Deutschland *cool*, Städte wie Köln, München und Hamburg ,echt fett', Berlin ,überhipp' und die Berliner Republik ,sexy'" (Linthout 2010, S. 37).

Niederlande (Staat)

(→ Holland, Niederlande, Königreich der Niederlande)

12 Die beiden Witze stammen aus Linthout 2010, S. 68 f.

Oranje boven!

Die Niederlande sind eine Monarchie, wenn auch eine, in der der Monarch nicht viel zu melden hat. Seit mehr als hundert Jahren ist der niederländische Monarch allerdings eine Monarch*in*. Es begann 1890 mit Königin Wilhelmina, darauf folgte Königin Juliana, die 1980 schließlich durch ihre Tochter Beatrix abgelöst wurde. Alle drei Königinnen waren übrigens mit deutschen Männern verheiratet. So wie es derzeit aussieht, wird Beatrix in nächster Zeit abdanken und den Thron ihrem Sohn Willem Alexander überlassen.

Im Gegensatz zu anderen westeuropäischen Monarchien ist die Königin (oder der König) als Staatsoberhaupt zugleich Mitglied der Regierung – hat jedoch als solches keine echten Machtbefugnisse. Denn regiert wird das Königreich vom Ministerpräsidenten und seinen Ministern. Die Königin hat eine fast ausschließlich repräsentative Funktion, das heißt sie reist durch die Welt, eröffnet Ausstellungen, schüttelt Hände und darf einmal im Jahr eine große Rede halten – die ihr allerdings zuvor vom Ministerpräsidenten geschrieben worden ist. Diese „Thronrede", in der die Pläne der Regierung für das kommende Jahr dargelegt werden, wird traditionell an jedem dritten Dienstag im September (*Prinsjesdag*) von der Königin im berühmten „Rittersaal" in Den Haag verlesen.

Der Monarch – früher hieß er *stadhouder*, Statthalter – wird seit jeher vom Haus Oranien-Nassau gestellt. Das niederländische Fürstengeschlecht ist eng mit deutschen Adelshäusern verbandelt: Der erste *stadhouder*, Wilhelm von Oranien (auf Niederländisch: Willem van Oranje), wurde etwa auf dem Schloss derer von Nassau geboren, und das liegt im hessischen Dillenburg. Auch Kaiser Wilhelm II. war eng mit dem niederländischen Königshaus verwandt; er trug sogar – eine Art Gütesiegel – den Titel „Prinz von Oranien" und war während seines Exils in den Niederlanden der einzige echte Prinz von Oranien auf niederländischem Boden, und zwar in direkter, wenn auch weiblicher, Linie.

„Oranien" heißt im Niederländischen *Oranje*, was zugleich auch „orange" bedeutet. Deshalb ist *oranje* die Farbe, die vom Volk mit dem Königshaus und dem Königreich in Verbindung gebracht wird. Nicht nur am *Koninginnedag*, dem Königinnentag am 30. April **(→ Feiertage)**, ist das Land in ein unwirklich leuchtendes Meer aus orangefarbenen Wimpeln, Fahnen, T-Shirts und Perücken getaucht, sondern auch bei anderen vergleichbar wichtigen nationalen Anlässen – wie zum Beispiel Fußballländerspielen, bei denen die Mannschaft dann natürlich auch in orangen Trikots aufläuft.

Der Schlachtruf lautet: *Oranje boven*, Oranien über alles, und zwar mit einem Ausrufezeichen **(→ Fußball)**.

Der Monarchie selbst stehen die meisten Niederländer wohlwollend bis gelassen gegenüber. Es gibt zwar eine *Republikeins Genootschap* (Republikanische Gesellschaft), die sich gegen die Monarchie wendet und der so prominente Mitglieder wie die Schriftsteller Maarten 't Hart und Leon de Winter angehören, doch die will zum Glück „keine Schritte unternehmen“, wie Gründungsmitglied Martin van Amerongen seine Landsleute beruhigt. Ein Königsmord ist also vorerst nicht zu befürchten, und das ist auch gut so, denn mit nichts kann man einem Niederländer vor einem wichtigen Fußballspiel – vor allem, wenn es gegen den Angstgegner Deutschland geht – eine größere Freude bereiten, als sich, wenn sonst alles gesagt ist, mit einem aufmunternden *Oranje boven!* von ihm zu verabschieden.

Die Ostfriesen der Niederländer

Haben die Niederländer eigentlich, so wie wir Deutschen, auch das Glück, ein Volk wie die Ostfriesen zu haben, mit dem sie so richtig ihren Spott treiben können? Ja, das haben sie: Die Ostfriesen der Niederländer sind die Belgier, egal, ob es sich um die niederländischsprachigen Flamen oder die französischsprachigen Wallonen handelt. Die Belgier gelten den Niederländern als ein wenig dumm und rückständig. Dies spiegelt sich vor allem in den unzähligen *Belgenmoppen*, den Belgier-Witzen, wider, die man in den Niederlanden hören und lesen kann. Wie zum Beispiel in dem folgenden:

> Zwei Belgier, Sjefke und Gaston, sitzen zusammen im Auto. „Gaston“, sagt Sjefke nach einer Weile, „kannst du mal eben gucken, ob mein Blinklicht funktioniert?“ Gaston dreht das Fenster runter, hängt sich nach draußen und ruft: „Ja – nein – ja – nein – ja – nein …“

Oder dieser:

> In den Niederlanden steht auf der Milchpackung im Supermarkt „Hier öffnen“, in Belgien steht dort: „Zu Hause öffnen.“

Schön ist auch der folgende Witz:

Bei einer Ausgrabung auf russischem Boden haben Wissenschaftler kürzlich in einer Tiefe von 100 Metern Reste von Kupferdraht gefunden, mit einem Alter von schätzungsweise 1000 Jahren. Die Russen haben daraus geschlossen, dass ihre Vorfahren bereits damals über ein Kupfernetzwerk verfügten. Daraufhin haben auch die Amerikaner angefangen, bei sich zu graben, und stießen in einer Tiefe von 200 Metern auf Reste von Glasfasern, die bei näherer Untersuchung bereits 2000 Jahre alt zu sein schienen. Die Amerikaner schlossen daraus, dass sie also bereits 1000 Jahre vor den Russen über ein sehr fortschrittliches Glasfasernetz verfügten. Eine Woche später veröffentlichten auch die Belgier ihren Bericht. Sie hatten in belgischem Boden gegraben, bis auf eine Tiefe von 500 Metern, und dabei rein gar nichts entdeckt. Ihre Schlussfolgerung lautete, dass ihre belgischen Vorfahren bereits vor 5000 Jahren im Besitz eines drahtlosen Netzwerks waren.

Lustig macht man sich den Niederlanden auch über die Vorliebe der Flamen für umständlich umschreibende Bezeichnungen von technischen Apparaturen. Ein *heli*, das urniederländische, zudem auch noch sexy klingende Wort für „Helikopter", ist für die Flamen (angeblich) ein *hefschroefvliegtuig* oder *wentelwiek*, also ein „Hebschraubflugzeug" beziehungsweise ein „Drehflügel". Und was ist ein Scheibenwischer auf Flämisch? Richtig, ein *vochtheenenweerweghaalstangetje, ein Feuchtigkeitshinundherwegholstängelchen.*

Die Belgier ihrerseits rächen sich für die Häme der Niederländer mit Holländer-Witzen. Darin erscheinen die Niederländer als geizig und arrogant. Auch hierzu darf ein Beispiel nicht fehlen:

Es ist ein heißer, sonniger Julitag. Ein Belgier steht mit ausgestrecktem Daumen an der Autobahn und wird von einem niederländischen Autofahrer mitgenommen. Völlig verschwitzt steigt der Belgier ein, die Zunge klebt ihm am Gaumen. „Darf ich Ihnen eine Erfrischung anbieten?" fragt der Niederländer höflich. „Ja, gern", freut sich der Belgier – als sich neben ihm auch schon die Fensterscheibe senkt.

Wie gesagt, ein Witz, denn in Wirklichkeit würde ein Niederländer natürlich niemals einen Belgier in seinem Auto mitnehmen.

Overleg

Während in Deutschland organisatorische Entscheidungen oft von oben nach unten getroffen werden, sind in einem niederländischen Betrieb im Idealfall alle Mitarbeiter am Meinungsbildungsprozess beteiligt. Das Instrument dazu nennt man *vergadering* (Versammlung, Sitzung) oder *overleg*. *Overleg* bedeutet so viel wie „Beratung" oder „Besprechung" und dient in erster Linie dem Austausch von Ideen und Meinungen und nicht so sehr dem Treffen einer Entscheidung. *Overleg* führt also nicht notwendigerweise zu einem verbindlichen, konkreten Beschluss. So kann jeder Teilnehmer das Ergebnis in seinem Sinne interpretieren und hat einen relativ großen Handlungsspielraum.

Deutsche „Arbeits-„ oder „Dienstbesprechungen" sind dagegen sehr viel ergebnisorientierter: Ziel ist hier, eine Entscheidung zu treffen beziehungsweise Arbeitsaufgaben zu verteilen (meist durch den Vorgesetzten). Im Gegensatz zu den Niederlanden kann bei einer dienstlichen Besprechung in Deutschland nicht jeder seinen Senf dazugeben. Man wahrt die Hierarchie, d.h. man schweigt umso beredter, je tiefer man in der Rangordnung steht. Und wird einmal ein Beschluss gefasst, hält man ohne Wenn und Aber daran fest **(→ Arbeits- und Betriebskultur / Gleichheit und Konsens)**.[13]

Niemand hat den Unterschied zwischen dem niederländischen *overleg* und der deutschen Dienstbesprechung treffender auf den Punkt gebracht als die Unternehmensberaterin und Expertin für niederländische Arbeits- und Betriebskultur Ute Schürings: „Die Deutschen lieben Grundsatzentscheidungen, die Niederländer Grundsatzdiskussionen" (Schlizio, Schürings u. Thomas 2009, S. 124).

Der Nachteil der niederländischen *overleg*-Kultur, bei der jeder seine Meinung kundtun darf – auch wenn er oder sie keine Ahnung hat, worum es eigentlich geht – liegt auf der Hand: Es wird viel geschwafelt, und eine *vergadering* kann so rasch einmal zeitlich aus dem Ruder laufen. Findige Geister haben deshalb ein neues Spiel entwickelt: „Bullshit Bingo". Bullshit Bingo besteht aus einer Tabelle von 36 Begriffen, Worthülsen, die gern einmal auf solchen Sitzungen fallen: *van strategisch belang* (von strategischer Bedeutung) etwa, oder *core business* (Kerngeschäft), *resultaatgericht* (ergebnisorientiert), *de klant staat centraal* (der Kunde steht im Mittelpunkt),

13 Zum niederländischen *overleg* beziehungsweise zur deutschen Dienstbesprechung gibt es zwei nette Videoclips auf der CD *Sprache & Kultur / Taal & Cultuur*, die den Unterschied sehr plastisch deutlich machen.

pragmatisch, *win-win-situatie*, *quick en dirty*, *toegevoegde waarde* (Mehrwert), *plan van aanpak* (Handlungsplan), *doeners en denkers* (Macher und Denker), *proactief, niet reactief* oder, Mutter aller Sitzungswörter, *kennismanagement*, Wissensmanagement. Die Spielregeln sind ganz einfach: Sobald in einer Besprechung fünf solcher Begriffe gefallen sind, ruft man laut „Bullshit" und hat gewonnen. Wie man aus gut unterrichteten niederländischen Kreisen hört, sollen *vergaderingen* durch die Verbreitung des Bullshit Bingo erheblich an Spannung gewonnen haben!

Polder

(→ Windmühlen, Deiche und Polder)

Das „Poldermodell"

Anfang der 1980er Jahre befanden sich die Niederlande in einer tiefen Wirtschaftskrise: die Wirtschaft stagnierte, die Arbeitslosenquote stieg ebenso wie die Zahl der Bezieher von Sozialleistungen, die Staatsausgaben wuchsen, das Haushaltsdefizit wurde immer größer und die Inflation war kaum noch zu bremsen.

1982 gelang dann der Umschwung. Unter dem Druck der Regierung verständigten sich die Vertreter der Dachverbände von Arbeitgebern und Arbeitnehmern auf den *Akkoord van Wassenaar*, das „Abkommen von Wassenaar". Auf Gewerkschaftsseite versprach man Lohnmäßigung und auf Arbeitgeberseite Anstrengungen zur Sicherung bestehender und zur Schaffung neuer Arbeitsplätze. Bewerkstelligt werden sollte dies über Arbeitszeitverkürzung, Teilzeitarbeit und Frühverrentung.

Dies war die Geburtsstunde des berühmten „Poldermodells", das in den darauf folgenden zwanzig Jahren nicht nur zu einem beispiellosen Wirtschafts- und Jobwunder in den Niederlanden führte, sondern auch – ab Mitte der 90er Jahre – zu einer Art Exportschlager wurde. Delegationen aus dem gesamten europäischen Ausland – vor allem aus Deutschland – reisten in die Niederlande, um das Modell zu studieren und auf seine Übertragbarkeit hin zu prüfen. Hierzulande entstand unter dem Eindruck des Poldermodells etwa das sogenannte „Bündnis für Arbeit", das allerdings nie so richtig funktionieren wollte.

„Frits Bolkestein, seinerzeit Fraktionsführer der rechtsliberalen [...] VVD, benutzte in einem *Volkskrant*-Interview vom 3. Dezember 1996 als erster den Begriff Poldermodell, der sofort aufgegriffen wurde und es in den Jahren danach in alle Weltsprachen schaffte: statt *Holland-Modell*, *miracle hollandais* oder *Dutch Model* heißt es nun überall gleichermaßen Poldermodell. Das Poldermodell ist jedoch nur ein aktuelles Beispiel der jahrhundertealten niederländischen Art und Weise, Probleme anzugehen. Das Beraten und Verhandeln ist tief im kollektiven Denken der niederländischen Gesellschaft verankert, weil es in diesem kleinen, kommunikativen Land niemals eine Mehrheit gab, die über die Macht verfügte. Die sozialen und politischen Partner beraten, erklären, ordnen, stimmen ab oder suchen nach Kompromissen und haben dabei – jeder für sich – das Gefühl, die eigentliche Regie zu führen" (Linthout 2010, S. 115 f.) **(→ Gleichheit und Konsens)**.

Bis das Poldermodell seine volle Wirkung zeigte, sollte es noch gut zehn Jahre dauern, doch bereits im Jahre 1983 wiesen fast alle Wirtschaftsindikatoren in eine positive Richtung. Die Regierung tat ein Übriges, um über Kürzungen bei den Staatsausgaben und weitreichende Deregulierungs- und Privatisierungsmaßnahmen diesen Prozess zu verstärken.

Mitte der 90er Jahre begann die niederländische Wirtschaft dann – plötzlich und kräftig – zu boomen. „Zwischen 1994 und 2002“, so der niederländische Wirtschaftswissenschaftler Kees van Paridon (2004, S. 403), „erhöhte sich die Zahl der Arbeitsplätze um etwa 1,2 Millionen, ein Anstieg um 20 Prozent.“ Die Arbeitslosenquote sank auf ein historisches Tief – es herrschte praktisch Vollbeschäftigung –, und die Zahl der offenen Stellen nahm kontinuierlich zu.

Und, wie steht es mit dem Wirtschaftswunder, Nachbar?

Starker Rückgang der Arbeitslosigkeit in den Niederlanden.

Doch das Poldermodell hatte nicht nur positive Auswirkungen. „Die stärksten Einwände gegen das Poldermodell erheben sich nach der Einführung von Marktmechanismen unter anderem im Bildungs- und Gesundheitswesen, die sich als verheerend erwiesen haben", wie Dik Linthout (2010, S. 116) meint. „Die schlechte Bezahlung, die langen Arbeitszeiten und der niedrige Status von Lehrern haben zu einem dramatischen Lehrermangel geführt [...]. Das Gesundheitswesen ist kaputtsaniert worden." So gebe es lange Wartelisten von Patienten, und Krankenhäuser müssten aufgrund von Personal- oder Geldmangel sogar Schwerkranke abweisen. Auch der öffentliche Personenfernverkehr **(→ Verkehr)** hat bis heute unter den Folgen der Privatisierung und Deregulierung zu leiden: Zugverspätungen, Zusammenbrüche des Schienenverkehrs und ein Service, der diesen Namen kaum noch verdient, haben das Bahnfahren in den Niederlanden zu einem der letzten großen Abenteuer der Menschheit werden lassen.

Randstad

Das wirtschaftliche und industrielle Leben der Niederlande spielt sich vor allem im Westen ab, in der sogenannten *Randstad* um die Großstädte **(→) Amsterdam**, Rotterdam, Den Haag und Utrecht herum. Fast jeder zweite Niederländer lebt in dieser Region. Die Randstad ist mit 7,1 Millionen Bewohnern eine der größten städtischen Ballungsräume Europas, in etwa vergleichbar mit dem Ruhrgebiet (5,1 Millionen). Im Unterschied zum Ruhrgebiet ist die Randstad jedoch u-förmig angelegt; zwischen den städtischen Flügeln liegt eine ländliche Region, *Het Groene Hart* (das Grüne Herz). Dieses Gebiet mit seinen Gewächshauskulturen und Agrarindustrien ist das landwirtschaftliche Zentrum der Niederlande.

Um die Dimension und die Bedeutung der Randstad zu verdeutlichen, hier ein paar Fakten: Die vier größten und mehr als die Hälfte aller 23 niederländischen Großstädte liegen in der Randstad – darunter die Hauptstadt Amsterdam und der Regierungssitz Den Haag. Will man in der Randstad studieren, hat man die Qual der Wahl: Fast die Hälfte aller Universitäten des Landes haben hier ihren Sitz. Die Randstad ist der viertgrößte Wirtschaftsraum in der EU: Europas größter Überseehafen in Rotterdam befindet sich ebenso darin wie der Großflughafen Schiphol bei Amsterdam, mit 45 Millionen Passagieren pro Jahr der fünftgrößte in Europa. Und ist man im Auto in den Niederlanden unterwegs, wird man feststellen, dass es in der Randstad vermutlich auch die längsten Staus in Europa gibt – vor allem zu den *spitsuren*, also während des Berufsverkehrs **(→ Verkehr)**.

Mit anderen Worten: Die Randstad ist für die Niederlande nicht nur *nice to have*, sondern sie ist überlebenswichtig. Und sollte es einmal wieder Stress mit dem Nachbarn im Osten geben, lässt sich das Gebiet wirkungsvoll durch die *Hollandse Waterlinie* schützen. Dabei handelt es sich um einen breiten Streifen Land, der sich rasch unter **(→) Wasser** setzen lässt, so dass die Randstad zu einer Insel wird und der Feind erst mühselig übersetzen muss, um sich über den Ballungsraum hermachen zu können.

Reformitis

Für den außenstehenden Betrachter scheint es fast so, als ob man Niederländern mit nichts eine größere Freude bereiten kann als mit einer Reform. Ob Wirtschafts-, Arbeitsmarkt- oder Gesundheitspolitik – es gibt kaum ein Politikfeld, das in den letzten

Jahrzehnten nicht Gegenstand einer mehr oder weniger tiefgreifenden Reform geworden ist.

Typisch für niederländische Reformen sind dabei drei Dinge. Erstens: Die Grundidee stammt meist aus dem Ausland, vorzugsweise den USA, sie soll Geld sparen und sie ist „innovativ". Zweitens: Eine niederländische Reform ist niemals abgeschlossen; nach ihrer Umsetzung tüftelt die Politik noch jahrelang weiter daran herum, dreht hier an einer Stellschraube, legt dort einen Hebel um und baut, wenn der Druck irgendwo gefährlich zu steigen droht, rasch noch irgendwo ein kleines Ventil ein. Und drittens: Viele dieser Reformen kümmern dahin oder scheitern gleich ganz, weil sie miserabel vorbereitet und/oder handwerklich schlecht umgesetzt werden – oder weil sie völlig überflüssig sind und die Situation nicht verbessern, sondern eher verschlechtern. In einem solchen Fall, heißt es dann, „zieht man den Stecker" und überlegt sich etwas Neues.

Der Hang zur „Reformitis" in der niederländischen Politik wird durch die Tatsache begünstigt, dass es sich bei den Niederlanden um ein relativ kleines und zentral regiertes Land handelt. Diese Konstellation ermöglicht es, dass sich Reformen sehr viel schneller und ohne langes Kompetenzgerangel durchführen lassen. Man muss nicht, wie bei uns, erst mühsam die vielen widerstreitenden Interessen unter einen Hut bringen und dann anschließend noch eine Bundesratsmehrheit für das Vorhaben organisieren. Ein weiterer begünstigender Faktor ist sicher der Glaube an die *maakbaarheid van de samenleving*, wörtlich: die Machbarkeit der Gesellschaft. Denn ein Volk, so lautet die dahinterliegende Argumentation, das sich selbst das Land erschaffen hat, auf dem es lebt, wird doch wohl auch noch dazu in der Lage sein, sich die dazugehörige Gesellschaft nach eigenem Gusto zu gestalten.

Manchmal funktioniert es auch wunderbar, etwa bei der Reform des Arbeitsmarkts Anfang der 1980er Jahre, die nicht nur zum Abbau der damals sehr hohen Arbeitslosigkeit in den Niederlanden führte, sondern einen regelrechten Beschäftigungsboom zur Folge hatte. Mit dieser Reform war man so erfolgreich, dass sie, unter der Bezeichnung **(→) „Poldermodell"**, auf der ganzen Welt bestaunt und vielfach kopiert wurde. Bei uns hieß die Reformkopie „Bündnis für Arbeit", hatte aber nur wenig Erfolg.

Auf der traditionellen Lieblingsspielwiese niederländischer Reformpolitiker, der Bildungspolitik, hatte man dagegen weniger Glück. Grundsätzlich gilt, dass sich das **(→) niederländische Bildungswesen** seit Jahrzehnten in einem permanenten Reformprozess befindet. Viele dieser Reformen – die meist mit neuen, wohlklingenden, aber nicht sehr klaren Begrifflichkeiten einhergehen – scheitern oft bereits in den

Ansätzen, werden nur halbherzig umgesetzt oder nach einer kurzen Erprobungsphase still und leise aufgegeben und durch ein neues Reformvorhaben abgelöst.

Oft ist eine Bildungsreform in den Niederlanden das Ergebnis komplizierter Verhandlungen zwischen den verschiedenen Interessengruppen, ohne dass die eigentlich Betroffenen – die Lehrer, die Schüler sowie deren Eltern – ausreichend daran beteiligt werden. So sieht es zumindest der Bildungsexperte Leo Prick (2006) in einer vernichtenden Kritik der niederländischen Bildungspolitik der vergangenen 20 Jahre. Diese fehlende Beteiligung führe dann nicht selten dazu, dass die Reformen von denen, die über ihren Erfolg oder Misserfolg entscheiden, nicht mitgetragen werden. Ein typisches Beispiel hierfür ist für Prick die Abschaffung des MAVO – vergleichbar etwa mit der deutschen Hauptschule –, das eine hohe Durchlässigkeit zum (auch weiterhin bestehenden) HAVO (in etwa: Realschule) aufwies und damit den Zugang zu einem Fachhochschulstudium ermöglichte. Niederländische Eltern reagierten darauf mit einem Run auf das HAVO, um ihren Kindern möglichst gute Chancen im Bildungssystem zu ermöglichen. Da das neugeschaffene VMBO, in das das MAVO aufgegangen war, mehr und mehr in Schwierigkeiten geriet, leistungsstärkere Schüler anzuziehen, kehrten ehemalige MAVO-Schulen in ihrer Not zu der alten Bezeichnung zurück.

Ein ähnliches Phänomen zeigt sich auch in der Lehrerschaft, die nur sehr unzureichend am bildungspolitischen Willensbildungsprozess beteiligt wird und sich dementsprechend alleingelassen fühlt. Die Folge ist Resignation, eine hohe Fluktuation unter Lehrern und ein innerer Widerstand bei vielen Lehrkräften, der sich in dem Spruch manifestiert: „Ich habe schon hundert Reformen erlebt, aber noch keine mitgemacht." Diese Haltung zeigte sich auch jüngst wieder in der Umsetzung des sogenannten *CGO*, des kompetenzorientierten berufsbildenden Unterrichts, in dem keine klassischen „Qualifikationen" mehr, sondern – über Projektarbeit und Selbststudium – berufsrelevante „Kompetenzen" vermittelt werden. Viele Lehrer standen und stehen vor dem Problem, wie sie das CGO bei den vielen lernschwachen Auszubildenden umsetzen sollen, die derzeit die niederländischen Berufsbildungszentren bevölkern und denen es oft bereits an Basiskompetenzen wie Pünktlichkeit, Sorgfalt und Selbstdisziplin mangelt.

Man kann jedoch nicht sagen, dass die niederländische Politik auf solche Probleme nicht reagiert. In ihrem Entwurf eines neuen Reformgesetzes zur beruflichen Bildung hat die Bildungsministerin 2011 immerhin schon einmal den Begriff „kompetenzorientiert" streichen lassen. Er sei zu vage und habe jahrelang für Verwirrung gesorgt, so die Ministerin.

Niederländische Politiker sind so vernarrt ins Reformieren, dass sie sogar das Wort „Reform" selbst reformiert haben. So spricht man seit einiger Zeit nicht mehr von einer *hervorming* (Reform), sondern von einer *vernieuwing*, einer Erneuerung. Denn, so hat man sich wohl gedacht: „neu" ist immer gut, und „Erneuerung" klingt irgendwie auch viel besser, dynamischer und „innovativer" als „Reform". Sehen wir mal, was daraus wird.

Religion

Mit den Niederlanden wird immer wieder der Calvinismus verbunden, also die Lehre des Schweizer Reformators Johannes Calvin (1509-1564). Der Calvinismus betont die absolute Heiligkeit Gottes und lehnt jegliches Gepränge – wie etwa in der katholischen Kirche – ab. Calvinistische Kirchen sind daher äußerst karg und nüchtern eingerichtet.

Kern des Calvinismus ist die sogenannte Prädestinationslehre, also die Lehre von der Vorherbestimmung des Menschen, nach der Gott die Menschen schon lange vor der Geburt in zwei Gruppen eingeteilt hat: Auserwählte und Nicht-Auserwählte. Die Auserwählten haben – wenn sie ein entsprechend gottgefälliges Leben führen – die Chance, irgendwann Gott zu erkennen und nach dem Tode wiederaufzuerstehen; der Rest wandert in die Hölle, selbst wenn er sich zeitlebens noch so sehr angestrengt hat.

Evangelisch-reformierte Kirche Dwingeloo

Ob jemand (eventuell) in die Ewigkeit Gottes eingeht oder auf immer in der Hölle schmoren muss, ist also schon vor der Geburt festgelegt. Zusätzlich spannend wird die Sache dadurch, dass niemand weiß, ob er auserwählt ist oder nicht. Man kann sich vorstellen, wie viel Angst und Schrecken sich mit dieser Religion erzeugen lässt. Wer sich einmal näher damit beschäftigen möchte, dem seien die Romane von Jan Siebelink, *Im Garten des Vaters*, beziehungsweise von Robert Haasnoot, *Wahnsee*, empfohlen.

In den Niederlanden gibt es einen sogenannten „Bibelgürtel", der sich geographisch von Overijssel bis nach Zeeland zieht und in dem sehr viele streng reformierte, das heißt calvinistische Christen leben. Neben dem Fernsehen, dem Tanzen und sonstigen Vergnügungen lehnen sie auch die Schutzimpfung ab, so dass es dort noch immer Fälle von Kinderlähmung gibt. Autor Menno Kalmann (2011, S. 11), der in einem Dorf mitten im *Bijbelgordel* lebt, schreibt etwa über den Sonntagszeitvertreib seiner Nachbarn: „Am Sonntag geht man bei uns in die Kirche, anschließend wird warm gegessen, vielleicht noch ein kurzer Spaziergang getätigt, und dann, am frühen Abend, geht es auch schon wieder in die Kirche. Sonntags erhebt man seine Stimme nicht, rennen die Kinder nicht herum und ist, wenn überhaupt etwas gefeiert wird, der Besuch des Gottesdienstes, das Lesen der Frohen Botschaft, das Singen von Kirchenliedern sowie Kaffee und Kuchen angesagt."

Aber warum bemerkt man von alldem so wenig, selbst wenn man sich für längere Zeit in den Niederlanden aufhält? Die Antwort lautet: Weil die Anhänger des Calvinismus eine Minderheit bilden – und immer gebildet haben. So hat es seit jeher, insbesondere im Süden des Landes, weit mehr Katholiken als reformierte Protestanten gegeben. Derzeit liegt das Verhältnis zwischen Katholiken und Protestanten bei 28 zu 19 Prozent, wobei von den reformierten Protestanten nur die wenigsten strenggläubig sind. Mehr noch: Die Niederlande sind genau genommen ein „gottloses" Land: 44 Prozent aller Niederländer fühlen sich keiner Konfession zugehörig.

Dennoch hat der Calvinismus der niederländischen Mentalität einen deutlichen Stempel aufgedrückt – vielleicht aufgrund der Tatsache, dass die über Jahrhunderte tonangebende Schicht der Kaufleute dieser Religionsgemeinschaft angehörte und damit auch über lange Zeit den niederländischen *life style* bestimmte und bis heute bestimmt.

Ein solches Überbleibsel des Calvinismus ist etwa die Tatsache, dass in vielen niederländischen Wohnungen keine Gardinen vor den Fenstern hängen – zumindest nicht vor den zur Straße hin gelegenen Fenstern der *voorkamer*. Die gardinenlosen

Fenster sind eine Art Aushängeschild, um für jedermann zu demonstrieren, dass man nichts zu verbergen hat. Ist dies doch einmal der Fall, geht es in die *achterkamer*, wo sich die Vorhänge dann sehr wohl zuziehen lassen.

Republik der Sieben Vereinigten Niederlande

Wer in der Stadt Münster zu tun hat, sollte sich die Gelegenheit nicht entgehen lassen, dem „Krameramtshaus" im Alten Steinweg in der Altstadt einen Besuch abzustatten. In diesem Gebäude, das jetzt das „Haus der Niederlande" beherbergt, wurde Geschichte geschrieben. Während der Verhandlungen zum Westfälischen Frieden 1646 bis 1648 war dort die niederländische Delegation untergebracht, und hier wurde auch der „Friede von Münster" unterzeichnet, mit dem Spanien und die Republik der Sieben Vereinigten Niederlande einen 80 Jahre währenden Krieg beendeten.

Dieser Achtzigjährige Krieg (1568-1648) war kein durchgehender Krieg, sondern bestand aus einer Reihe von Aufständen und Kämpfen gegen die Spanier, die das Gebiet der heutigen Niederlande besetzt hielten und es mit eiserner Hand (Hinrichtung von 18.000 Aufständischen durch den berüchtigten Herzog von Alba) und christlichem Eifer (Inquisition, Verfolgung der calvinistischen Protestanten) regierten. 1579 trennten sich die sieben nördlichen, überwiegend calvinistischen, Provinzen ab und schlossen sich zwei Jahre später zur *Republiek der Zeven Verenigde Provinciën*, der Republik der Sieben Vereinigten Niederlande, zusammen. Zu ihrem „Statthalter" (*stadhouder*) beriefen sie einen Aufständischen, einen Mann aus dem niederländischen Hochadel, der gebürtig aus dem hessischen Dillenburg stammte und aufgrund erbfolgetechnischer Verwicklungen in den Niederlanden gelandet war: Wilhelm von Nassau-Dillenburg, Fürst von Oranien (1533-1584), auf Niederländisch Willem van Oranje oder auch *de Zwijger*, der Schweiger, genannt. Deshalb beginnt die niederländische Nationalhymne auch zu Recht mit den Worten: „Wilhelm von Nassau, bin ich von deutschem Blut" (→ **Oranje boven! / Holland, Niederlande, Königreich der Niederlande**).

Mit dem Frieden von Münster 1648 erlangten die sieben Provinzen nicht nur ihre Unabhängigkeit, sondern als Republik auch internationale Anerkennung.[14] Diese

14 Wer sich intensiver mit der Geschichte der Republik der Sieben Vereinigten Niederlande beschäftigen möchte, sei auf die beiden Standardwerke des Historikers Horst Lademacher verwiesen: *Geschichte der Niederlande* (1983) und *Die Niederlande. Politische Kultur zwischen Individualität und Anpassung* (1993).

Staatsform war für die damalige Zeit ebenso ungewöhnlich und modern wie die Tatsache, dass nicht der Adel, sondern Patrizier – die sogenannten „Regenten" – das Sagen hatten. Anders als in anderen europäischen Staaten war der Adel in den Niederlanden traditionell ohne große Bedeutung geblieben. Dik Linthout (2010, S. 89) hat hierfür eine interessante Erklärung: „Der holländische Adel [bekam] auch buchstäblich keinen Fuß auf die Erde. Wer zu Pferde sein Land bereisen wollte, musste bei jedem größeren Wassergraben absteigen und in ein Ruderboot wechseln. Überall in dem sumpfigen, von Wasserläufen durchschnittenen Holland lag für geharnischte Lanzenträger und andere Liebhaber von Turnierspielen die Gefahr des Ertrinkungstods auf der Lauer. Der Adel mag kein Wasser, und wer aus diesen Kreisen es sich leisten konnte, blieb lieber auf den höhergelegenen Ebenen außerhalb Hollands. Bis auf 's Gravenhage, Den Haag, dem Wohnsitz des Grafen, gab es deshalb dort auch fast kein Hofleben."

Die Macht der Regenten und die fehlende Aristokratie im Lande sorgten – in Verbindung mit dem Calvinismus **(→ Religion)**, der Gleichheit und Nüchternheit predigte – für die Entstehung einer egalitären Kultur **(→ Gleichheit und Konsens)**, die jedes höfische Gepränge ablehnte und Hierarchien äußerst misstrauisch gegenüberstand. Diese Grundeinstellung hat sich bis heute in der niederländischen Gesellschaft gehalten und zeigt sich etwa darin, dass man als Vorgesetzter bei seinen Untergebenen schon verspielt hat, wenn man versucht, mit seinem akademischen Grad – oder ersatzweise dem Mercedes vor der Eingangstür – Eindruck zu schinden, oder seinen Mitarbeitern im Befehlston Anweisungen erteilt. Doch auch solche, Niederländern zugeschriebene Eigenschaften wie **(→) Sparsamkeit**, Nüchternheit, Direktheit im Umgang und, last but not least, die Lust am **(→) *overleg***, am endlosen Beraten und Verhandeln, lassen sich darauf zurückführen. Denn in der losen Konföderation der sieben Provinzen ging es ein wenig zu wie heute in der Europäischen Union: Jede Provinz hatte eine eigene Regierung, die größeren Städte innerhalb der Provinzen verwalteten sich zudem selbst. Lediglich Gemeinschaftsaufgaben wie die Außen- und Kolonialpolitik, Verteidigung, Finanzen und Religion lagen in Händen der Generalstaaten (*Staten-Generaal*), das heißt der Zentralregierung. Der „Statthalter" fungierte dabei als oberster Repräsentant der Republik und zugleich als Oberbefehlshaber der Streitkräfte. Es gab also kein Staatsoberhaupt, das aufgrund seiner Position und Machtfülle selbständig Entscheidungen treffen konnte. Die vielen, oft widerstreitenden Interessen mussten vielmehr mühsam und in unzähligen, langen und manchmal auch ergebnislosen Beratungen und Verhandlungen ausbalanciert werden.

Ihre Blüte erlebte die *Republiek der Zeven Verenigde Provinciën* im 17. Jahrhundert, das als *Gouden Eeuw*, Goldenes Zeitalter, in die Geschichte eingegangen ist. In diesem „goldenen“ Jahrhundert errang die Republik großes politisches Gewicht in der Welt, vor allem aber wirtschaftliche Macht **(→ VOC und WIC)**. Ihr Ende fand sie mit dem Einmarsch französischer Truppen im Jahre 1795, doch ihr politischer wie wirtschaftlicher Niedergang hatte sich schon vorher abgezeichnet.

Schimpfen und fluchen

Während wir Deutschen eher anal schimpfen (Arschloch! Scheißkerl!), bevorzugt der Niederländer das genitale Schimpfwort: *lul!* (Schwanz), *zak!* (Hodensack), *trut!* (Fotze) oder *kut!* (Möse, Muschi). *Kut!* oder auch *klote!* (von *kloten* = Eier, Hoden) sagen sie dort, wo der Deutsche das Wort *Scheiße!* bemüht. *Je kunt m'n kloten kussen!* heißt also richtig übersetzt: *Du kannst mich mal am Arsch lecken!* Doch es gibt im Niederländischen durchaus auch Wendungen, die sich um den *reet*, den Arsch, drehen: *Aan mijn reet!* (Arsch lecken) etwa oder *Lik m'n reet!* (Leck mich am Arsch). Wer sich einmal etwas in das Thema vertiefen möchte, dem sei das Büchlein *Niederländisch Slang – das andere Niederländisch* von Elfi H.M. Gilissen empfohlen.

Die Niederländer sind die einzigen Europäer, die beim Schimpfen das Tabu auf Leiden und Tod durchbrechen. Verschiedene Krankheiten stehen dabei zur Verfügung, darunter *kankerlijder!* (Krebskranker), *klerelijder!* (Cholerakranker), *pokkenlijder!* (Pockenkranker), *teringlijder!* (Schwindsüchtiger), *tyfuslijder!* (Typhuskranker) oder *syfilislijder!* (Syphilitiker). Praktischerweise lassen sich die Krankheitsbilder auch kombinieren: *Kankerlijder, krijg de pest!* (Hol dir die Pest, du Krebskranker). Für besonders schwere Fälle stehen Schimpfkanonaden wie die folgende zur Verfügung: *Krijg de cementpokken op je borst, dan kan je bunkers bouwen, vuile pestpokkenteringlijder!* (etwa: Ich wünsch dir die Zementpocken an den Hals, dann kannst du Bunker bauen, du dreckiges, schwindsüchtiges Pestbeulengesicht!).

Beim Fluchen zeigt sich deutlich der Einfluss der calvinistischen **(→) Religion**, die es Gläubigen verbietet, den Namen des Herrn zu missbrauchen. Niederländer – ebenso wie übrigens die calvinistischen Schweizer – verfluchen deshalb nicht ihren Gott, sondern fordern ihn vielmehr mit einem *Verdomme!* (Verdamme mich) auf, sie selbst zu verfluchen. Der Ausdruck *Godverdomme!* ist dagegen „ein Missbrauch des Namen Gottes, und wer ihn benutzt, wandert geradewegs in die Hölle", erklärt der Niederlandekenner Dik Linthout (2010, S. 158 f.). „Wenn man flucht, zerstört man ein wenig die Beziehung, die man zu Gott aufgebaut hat – sagt der 1917 gegründete ‚Bund gegen das Fluchen'. Diese interkonfessionelle Stiftung mit 25.000 Mitgliedern erhält unter anderem Spenden von den Kirchen. Wer scheinbar unschuldige Ausrufe wie *Jeetje, Ojé, Jeminee* (von ‚Jesus'), *Gôh, Gossie, Getsie* oder *Gatsie* (von ‚Gott') ausstößt, kann seine Pläne auf ein ewiges Leben getrost vergessen. Auf den populären Plakaten des Bundes, die überall im Land hängen, sieht man etwa einen Papagei mit dem Text: ‚Fluchen ist angelernt – Plapper nicht alles nach'; von Gegnern wurden diese Plakate mit einem Spruch überklebt, auf dem es kurz und bündig heißt: ‚Beten auch'. In den 70er Jahren hatte der Bund schon einmal versucht, statt des *Godverdomme*-Fluchs den Ausruf *Rhododendron!* einzuführen."

Schlupfkirchen

Im 17. Jahrhundert, dem „Goldenen Zeitalter" oder *Gouden Eeuw*, erlebten die Niederlande eine wirtschaftliche und kulturelle Blüte, die in der Welt ihresgleichen suchte. Möglich wurde dies nicht zuletzt durch die in der, wie die Niederlande damals hießen, **(→) „Republik der Sieben Vereinigten Niederlande"** offiziell herrschenden Religionsfreiheit. Man durfte glauben, an wen und an was man wollte, und war frei in der Ausübung seiner **(→) Religion**. Allerdings gab es in der stark calvinistisch geprägten Republik einen Vorbehalt: Man durfte es den Gotteshäusern nicht von außen ansehen, dass man dort einen anderen Gott als den der Calvinisten anbetete.

So entstanden überall im Land in Wohngebäuden, Lagerhäusern oder auch Scheunen sogenannte *schuilkerken*, „Schlupfkirchen". Besonders eifrig waren darin die Katholiken, die Lutheraner, die Mennoniten (*Doopsgezinden*) und die Remonstranten. Von ihren Schlupfkirchen sind heute nur noch etwa zwei Dutzend erhalten, die wohl bekannteste, *Ons' Lieve Heer op Solder* (Unser Lieber Herr auf dem Dachboden), befindet sich im ältesten Teil **(→) Amsterdams** auf dem Oudezijdsvoorburgwal 40 und ist heute ein Museum.

Ons' Lieve Heer op Solder darf man sich nicht entgehen lassen, wenn man einen Ausflug nach Amsterdam unternimmt. Von außen sieht das um 1630 errichtete Gebäude wie ein normales Grachtenhaus aus. Es wurde 1661 von einem reichen Kaufmann gekauft, der den riesigen, sich über zwei dahinterliegende Gebäude ziehenden Dachboden zu einer römisch-katholischen Kirche umbauen ließ – komplett mit Altar, Kanzel, Heiligenbildern, einer Orgel und 150 Sitzplätzen für die Gemeindemitglieder. Im Souterrain, dem Erdgeschoß und im ersten Stockwerk hatte der Kaufmann sein Lager, seinen Laden sowie die Wohn- und Repräsentationsräume, unterm Dach wurde die Heilige Messe gefeiert. Noch heute finden dort regelmäßig Gottesdienste statt.

Die *schuilkerken* sind ein typisches Beispiel für das traditionelle niederländische **(→) *gedoogbeleid***, die „Politik der Duldung", deren bekanntestes Beispiel heutzutage der Umgang mit weichen Drogen wie Haschisch und Marihuana ist.

Innenansicht *Ons' Lieve Heer op Solder*; Fotograf: Co de Kruijf

Siezen

(→ **Duzen und siezen**)

Sinterklaas

Wenn sich der Nikolaus am 6. Dezember nach Deutschland aufmacht, hat er bereits, als Sinterklaas oder Sint-Nicolaas, ein längeres, aufreibendes Gastspiel in den Niederlanden hinter sich. Denn zunächst legt er, stets am ersten Samstag nach Sankt Martin (11. November), mit seinem Schiff an niederländischen Gestaden an, um die Wunschzettel (*verlanglijsten*) der niederländischen Kinder einzusammeln – ein Ereignis, das live im Fernsehen übertragen wird.

Einmal an Land, geht es dann für Sinterklaas auf einem Schimmel weiter. Da der *Sint* in den Niederlanden die Aufgaben unseres Christkinds oder Weihnachtsmanns mit übernimmt – das heißt jede Menge Geschenke verteilen muss –, kommt er mit *einem* Knecht Ruprecht schon lange nicht mehr aus, sondern reist mit einem ganzen Tross von *Zwarte Pieten*, Schwarzen Petern, an, die sich dann durch die Schornsteine zwängen müssen, um all die vielen vor dem Kamin aufgestellten Schuhe zu füllen – und das auch nicht nur einmal, sondern gleich mehrfach.

Doch der Reihe nach: Die Ankunft von Sinterklaas mit seinem Gefolge ist das Startsignal für die Kinder, ihre Schuhe vor den Kamin zu stellen (in moderneren Häusern ohne Schornstein tut es auch ein Heizkörper; das Geheimnis, wie Zwarte Piet dort hinein- und wieder herauskommt, ist allerdings bis heute nicht gelüftet). Am nächsten Tag sind die Schuhe dann, wenn alles nach Plan läuft, mit Süßigkeiten gefüllt, und zwar insbesondere mit großen Schokoladenbuchstaben (*chocoladeletters*). Diese Prozedur lässt sich ein- bis zweimal wöchentlich wiederholen, wobei die Eltern darauf achten, dass die Kinder etwas zurückgeben, etwa eine Zeichnung (für den Sint), eine Möhre, etwas Heu oder einen Zuckerwürfel (für den Schimmel).

Höhepunkt des Ganzen ist der *pakjesavond*, der Päckchenabend am 5. Dezember. Dann sitzt die Familie beisammen, isst zu Abend, singt das eine oder andere Sinterklaaslied und wartet darauf, dass es an die Tür klopft – das Zeichen, dass Sint seinen Job erledigt hat und man nun nachschauen kann, was er gebracht hat. Das eigentliche Sinterklaas-Fest, das aber meist nicht besonders gefeiert wird, ist der 6. Dezember, der Namenstag des Heiligen Sankt Nikolaus.

Der *pakjesavond* am Vorabend des 6. Dezembers ist längst nicht mehr auf die

Kinder beschränkt, sondern die ganze Familie beschenkt sich gegenseitig – wie bei uns zu Weihnachten. Ein Unterschied zu uns besteht allerdings darin, dass man die Geschenke – zumindest die kleinen – nicht *geschenk* nennt, sondern *surprise* (ausgesprochen: sürpriese), und dass sie von einem selbstgereimten *Sinterklaasgedicht* begleitet werden, in dem die weniger netten oder zumindest die interessanten Eigenschaften des Beschenkten zur Sprache kommen. Solche Sinterklaasgedichte sind oft eher schlicht gestrickt und beginnen mit Verszeilen wie: *Sint hat lange müssen denken, / Was er Pietje bloß sollt schenken.* Na ja, schließlich kommt bei uns auch nicht jeder gleich als ein Goethe zur Welt.

Sinterklaas, das heißt *pakjesavond*, ist in den Niederlanden kein **(→) Feiertag**, sondern man geht, wenn der 5. Dezember auf einen Werktag fällt, ganz normal zur Schule oder zur Arbeit, bevor man dann am späten Nachmittag zur Bescherung schreitet. Weihnachten ist in den Niederlanden dagegen, wie bei uns, ein gesetzlicher Feiertag und arbeitsfrei, und zwar sowohl der erste als auch der zweite Weihnachtstag. Da der niederländische Handel festgestellt hat, dass sich mit Weihnachten ein schönes Zusatzgeschäft realisieren lässt, ist seit gut zwanzig Jahren auch die Schenkerei zu Weihnachten im Kommen – zusätzlich zu Sinterklaas. Die Mode ist aus den USA in die Niederlande herübergeschwappt, und so wirkt es denn auch, wenn man in der Vorweihnachtszeit durch die Fußgängerzonen niederländischer Städte schlendert: grellbunt leuchtender Weihnachtsschmuck allüberall und Musikbeschallung durch amerikanische Weihnachtsklassiker wie „Jingle Bells" und „White Christmas".

Sparsamkeit

Niederländer gelten als ausgesprochen sparsam, ja, sogar geizig. Im Amerikanischen gibt es etwa den Ausdruck *Dutch Treat*, „holländische Einladung". Er bedeutet, dass bei einem gemeinsamen Essen oder einem Kneipengang hinterher jeder für sich selbst zahlt.

In der Praxis wird man so etwas allerdings kaum erleben. Im Gegenteil, Niederländer sind im Allgemeinen sehr gastfreundlich und großzügig. In den meisten Kneipen, *kroegen* oder *cafés* genannt, wird das Bier an der Theke geholt und von demjenigen, der es (für die anderen mit) bestellt hat, auch gleich bezahlt. Beim Essen mit niederländischen Freunden und Bekannten entsteht hinterher sogar oft Streit, wer anschließend die Rechnung bezahlen darf.

Woher haben die Niederländer also den Ruf, *zuinig*, also sparsam zu sein? Vielleicht kommt es vom „Keks in der Dose“. Ist man in den Niederlanden zu einem *kopje koffie* eingeladen, wird dazu ein Keks gereicht – die Betonung liegt dabei auf *ein*. Das heißt, die Gastgeberin oder der Gastgeber holt die Kekstrommel aus dem Schrank, und man darf sich dann *einen* Keks herausfischen – wobei es als unhöflich gilt, sich auch noch einen bestimmten Keks aussuchen zu wollen.

Vielleicht liegt es aber auch an den *zegeltjes*, den Rabattmarken. 1923 von der Kaffee- und Teefirma *Douwe Egberts* eingeführt, traten die *spaarzegels* schon bald ihren Siegeszug durch das Königreich an. 1962 wurde das System von der Supermarktkette *Albert Heijn* übernommen. Hatte man als Kunde genügend zegeltjes beisammen und in sein Heftchen geklebt, konnte man sie gegen einen Ofen, einen Kühlschrank oder ein Geschirrservice eintauschen oder erhielt dafür einen Preisnachlass, einen Bonus oder bares Geld. Das Rabattmarkensystem gibt es heute immer noch in zahlreichen Läden, Supermärkten und an Tankstellen, es wird jedoch mehr und mehr durch die elektronische „Kundenkarte“ verdrängt. Die Niederländer sind verrückt auf Rabatte: 80 Prozent aller niederländischen Haushalte sammeln zegeltjes oder Bonuspunkte.

Spaarzegel der Firma Douwe Egberts

Reinildis van Ditzhuyzen (2010, S. 71), die ein Buch über Benimmregeln im Umgang mit Niederländern geschrieben hat, erinnert sich „noch gut daran, dass meine Mutter mir, wenn ich einkaufen ging, immer nachrief: ‚Vergiss die Rabattmarken nicht!‘ Ja, überall in den Niederlanden sind ganze Küchenschubladen voll mit Rabattmarken. Es passiert sogar manchmal, dass Leute Säcke voller Rabattmarken erben. Und auf der Webseite *www.spaarzegeltjes.nl* kann man Rabattmarken tauschen, hinzu- oder verkaufen.“

Im Ausland ist der Niederländer als Kunde gefürchtet. Er stöbert gern, lässt sich ausführlich beraten – und verlässt den Laden schließlich mit leeren Händen. „*Kijken, kijken, maar niet kopen*" (Anschauen, aber bloß nichts kaufen) ist deshalb eine der wenigen niederländischen Wendungen, die selbst noch der letzte Basarhändler im hintersten Orient in seinem Repertoire hat.

Der niederländische Einzelhandel hat sich natürlich längst auf die Schnäppchenwut seiner Kunden eingestellt. Schließlich kennt er seine Pappen- beziehungsweise Schnäppchenheimer und hat sie auch wohl zu einem nicht unerheblichen Teil selbst dazu gemacht. Denn niederländische Geschäfte hängen voll mit Werbeangeboten wie *Drie halen, twee betalen!* (Drei kaufen, zwei bezahlen) oder *Twee voor de prijs van een!* (Zwei für den Preis von einem).

Durch Sparsamkeit zeichnet sich der Niederländer aber auch im normalen Umgang aus. So ist es nicht ungewöhnlich, wenn Post aus den Niederlanden in einem bereits einmal benutzten und liebevoll neu etikettierten Briefumschlag steckt – man spart eben, wo man kann. Von dem niederländischen Autor J.J. Voskuil – der mit 5.000 Seiten den dicksten Roman der Weltliteratur über seine Zeit an einem wissenschaftlichen Institut in Amsterdam geschrieben hat **(→ Bureau-Alltag)** – ist bekannt, dass sein Werk auf der Rückseite alter Institutsprotokolle und Rundschreiben entstanden ist. Und ein deutscher Student in Amsterdam erzählte, dass seine Vermieterin morgens regelmäßig die Streichhölzer ihres Zigarre rauchenden Ehemanns aus dem Aschenbecher fischte, um damit den Gasherd anzuzünden. Gelegentlich hört man auch von der Institution des *schuifkaas*, des „Schiebekäses": eine kleine, dünne Scheibe Käse, die man vorn auf eine Scheibe Brot legt und beim Essen stückchenweise nach hinten schiebt.

Die *zuinigheid*, also Sparsamkeit der Niederländer steht in der calvinistischen Tradition der Niederlande, einer strenggläubigen Spielart des Protestantismus, die sich außer in den Niederlanden vor allem in der Schweiz – und übrigens auch in Teilen Ostfrieslands – durchsetzen konnte. Der Calvinismus fordert von seinen Anhängern ein nüchternes, bescheidenes und gottgefälliges Leben **(→ Religion)**. Und dazu gehört eben auch die sprichwörtliche Sparsamkeit.

Niederländische Spuren in Deutschland

Deutschland ist schön – doch es wäre nicht halb so schön, wenn nicht die Niederländer gewesen wären, die unsere Sümpfe trockengelegt und uns gezeigt hätten, wie man vernünftige Deiche baut, die sich nicht gleich beim ersten Hochwasser auflösen (→ **Windmühlen, Deiche, Polder**). Schon vor über achthundert Jahren – 1157, um genau zu sein – zogen die ersten Niederländer Richtung Osten, um auf Einladung des Markgrafen von Brandenburg das Gebiet zwischen Elbe und Havel urbar zu machen. Noch heute zeugen die Namen mancher Dörfer von der Herkunft ihrer ursprünglichen Bewohner: Arnim (Arnheim), Bredow (Breda) oder Niemegk (Nimwegen).

„Die Niederländer ließen sich an den Ufern der Elbe nieder", schreibt der Architekturhistoriker Gabri van Tussenbroek (2006, S. 9) in seinem Buch über niederländische Einflüsse auf die Raum- und Landschaftsgestaltung in Berlin-Brandenburg. „Sie bauten Dämme und Deiche und zauberten aus Sümpfen fruchtbares Land, so dass man dort Obst und Gemüse züchten konnte. Die Neuankömmlinge machten Butter und Käse, sie stachen Torf, die Textilindustrie und der Handel blühten auf. Typisch niederländisch, würde man sagen."

In Berlin und Brandenburg lassen sich noch immer Spuren finden, die das Leben und Wirken von Niederländern in dieser Region bezeugen. Man nehme zum Beispiel die Stadt und das Schloss Oranienburg, benannt nach Luise Henriette von Oranien, Tochter des niederländischen Prinzen Frederik Hendrik van Oranje (→ **Oranje boven**). Oder das „Holländische Viertel" in Potsdam, das der Amsterdamer Architekt Jan Bouman 1740 im Auftrag des preußischen Königs baute, um niederländische Handwerker in die Stadt zu locken, die dann in den Häusern mit den Treppengiebeln wohnen sollten. Oder die im 17. Jahrhundert von niederländischen Spezialisten angelegte *Friedrichsgracht* in Berlin, in deren Nähe jetzt das vom Rotterdamer Stararchitekten Rem Koolhaas entworfene neue Botschaftsgebäude der Niederlande steht.

Auch im Berliner Dialekt lassen sich die Spuren des Niederländischen erkennen. Berliner sagen nicht *ich*, sondern *ick* (niederländisch *ik*), nicht *auch*, sondern *ooch* (von *ook*), *koofen* statt *kaufen* (im Niederländischen: *kopen*), *Ooge* (*oog*) statt *Auge* sowie *dat* und *wat* für *das* und *was*. Das deutsche *ei* ist im Berliner Dialekt wie im Niederländischen oft ein *ee*, wie in *keene* (*geen*), *weeß* (*weet*) oder *Meester*.

Überhaupt ist die deutsche Sprache voll mit niederländischen Wörtern, darunter viele aus dem maritimen Bereich: Brackwasser (*brak water*), Brandung (*branding*), Deich (*dijk*), Düne (*duin*), Dünung (*deining*), Ebbe (*eb*), Gracht (*gracht*), Küste (*kust*), Pumpe (*pomp*), Fracht (*vracht*), Matrose (*matroos*), Bücherei (*boekerij*), Apfelsine (*sinaasappel*), Quacksalber (*kwakzalver*), Stoff (*stof*), Werft (*werf*), Boss (*baas*), Koje (*kooi*), Havarie (*averij*) oder baggern (*baggeren*), um nur ein paar zu nennen.

Die Geschichte der Niederländer in Deutschland ist immer auch eine Geschichte der Arbeitsmigration gewesen. So sorgte im 19. Jahrhundert der Arbeitskräftemantel in der aufstrebenden Stahl- und Bergbauindustrie des Ruhrgebiets für einen massiven Zuzug von Niederländern. Anfang des 20. Jahrhunderts lebten und arbeiteten fast 150.000 Niederländer im damaligen deutschen Kaiserreich. Im Gegensatz zu Arbeitern aus anderen Teilen Europas unterlagen sie keinen rigiden Regelungen oder regionalen Beschäftigungsverboten. Die Mehrzahl der Niederländer arbeitete in der Landwirtschaft und im handwerklich-industriellen Bereich, vor allem im Baugewerbe, im Bergbau und in der Stahlindustrie. Ein Zeitzeugenbericht dazu findet sich etwa in den Memoiren von Gerard J.M. van het Reve (1967), Vater der berühmten niederländischen Schriftsteller Karel und Gerard van het Reve, den es 1911 nach Dortmund verschlagen hatte.

Nach dem Zweiten Weltkrieg haben Niederländer vor allem die Fernsehunterhaltung in Deutschland geprägt. Unvergessen bleibt „Mister Wunnebar“ Lou van Burg, der in den 60er Jahren die Fernsehshow „Der goldene Schuss“ moderierte. Es folgten in den 70er Jahren Rudi Carrell mit seiner „Rudi Carrell Show“ beziehungsweise „Am laufenden Band“, in den 80ern die von Rudi Carrell entdeckte Marijke Amado, die hauptsächlich Zuschauern und Hörern des WDR ein Begriff sein dürfte, und in den 90er Jahren Linda de Mol mit ihrer „Traumhochzeit“. Seit ein paar Jahren gibt es ein neues niederländisches Gesicht im Fernsehen: Sylvie van der Vaart, Frau des Fußballers Rafael van der Vaart und 2003 zur „sexiest woman“ der Niederlande gekürt. Sie wurde hierzulande einem breiten Publikum bekannt, als Dieter Bohlen sie 2008 in die Jury seiner Talentshow „Das Supertalent“ holte.

Srebrenica

Im Juli 1995, während des Bosnienkrieges, fiel die unter dem Schutz der Vereinten Nationen stehende bosnische Enklave Srebrenica in die Hände der bosnisch-serbischen Armee. Ihr General Ratko Mladić ließ in der Folge alle dort eingeschlossenen männlichen Moslems im Alter zwischen 12 bis 77 Jahren abführen, erschießen und in Massengräbern verscharren. Das Ereignis sorgte für weltweites Entsetzen.

Das Massaker von Srebrenica, bei dem bis zu 8.000 Bosnier umkamen, gilt als das schwerste Kriegsverbrechen nach dem Zweiten Weltkrieg – und erfüllt viele Niederländer bis heute mit tiefer Scham. Denn die für den Schutz der Flüchtlinge verantwortliche niederländische UN-Blauhelm-Einheit „Dutchbat III“ unter Führung ihres

Offiziers Thom Karremans hatte untätig zugesehen, wie die Männer von ihren Frauen und Kindern getrennt und dann verschleppt wurden.

Karremans, der von Mladić massiv eingeschüchtert und gedemütigt wurde,[15] hatte offenbar so viel Angst um sein eigenes Leben, dass er nicht wagte, sich dem General in den Weg zu stellen. Doch auch im Nachhinein unternahm er keinen Versuch, von Mladić Aufklärung über das Schicksal der abtransportierten Jungen und Männer zu erhalten. „Ehrlich gesagt, wir haben nicht einmal daran gedacht, ihn zu fragen", gab Karremans vor dem UN-Tribunal für das ehemalige Jugoslawien zu Protokoll – zur Bestürzung auch vieler Niederländer. Einige Tage nach dem Massaker von Srebrenica ließ Karremans sich auf einer Pressekonferenz in Zagreb zu dem Ausspruch hinreißen: "Es gibt in diesem Krieg keine good guys und bad guys", und lobte dann ausgiebig die Militärstrategie Ratko Mladićs.

Die Rolle Karremans und seiner Blauhelme ist bis heute umstritten. Die einen werfen ihnen vor, vom Massaker gewusst und sich dennoch passiv verhalten zu haben. Andere halten dagegen, dass die Dutchbat-Soldaten von dem Massaker nichts mitbekommen hätten und die NATO sie im Stich gelassen habe, indem sie ihnen die erbetene und notwendige Luftunterstützung verweigerte. 1996 wurde das Nederlands Instituut voor Oorlogsdocumentatie (NIOD) mit der Untersuchung der Ereignisse von Srebrenica beauftragt. Der Bericht führte 2002 zum Rücktritt der Regierung unter dem Sozialdemokraten Wim Kok, die damit die politische Mitverantwortung für die Untätigkeit der niederländischen Schutztruppe übernahm.

Dennoch: Im Jahre 2006 wurden die Dutchbat-Soldaten von der neuen Regierung unter dem Christdemokraten Jan Peter Balkenende öffentlich für ihren „außerordentlich schwierigen Auftrag" belobigt, der dazu geführt habe, dass sie „jahrelang falschen Anschuldigungen ausgesetzt" gewesen seien. Bosnien-Herzegowina protestierte gegen die Ehrung, Überlebende des Massakers sprachen von einem „Genozid-Orden". 2010 erstatteten einige Überlebende und Angehörige von Opfern gegen Karremans und weitere Verantwortliche Anzeige wegen „Völkermord und Kriegsverbrechen".

Karremans selbst ist mittlerweile Pensionär und lebt in Spanien. 1998 veröffentlichte er ein Buch mit seinen Erinnerungen an Srebrenica. In der bekannten Talkshow Barend & Van Dorp wurde später das Wort vom „Karremans-Gefühl" geprägt, das für eine Mischung aus Pech, Hilflosigkeit und Untätigkeit steht. Ratko Mladić wurde im Mai 2011 gefangengenommen und an das Kriegsverbrecher-Tribunal in Den Haag überstellt.

15 Siehe hierzu das YouTube-Video *www.youtube.com/watch?v=AZ7woyumciQ*.

„Wir sind wie Hasen davongelaufen", stellte der niederländische Historiker Hermann von der Dunk in einem Interview mit der Tageszeitung *de Volkskrant* fest (zit. n. Giesen 2011). „Natürlich befand sich Dutchbat in einer schwierigen Position. Wir sind immer sehr erfinderisch, wenn es um die Suche nach Entschuldigungen geht. Aber wir sind doch nach Srebrenica gegangen, um die Moslems zu beschützen?"

Steinkohlendeutsch

Niederländer haben deutlich weniger Schwierigkeiten damit, eine Fremdsprache zu sprechen als wir. Das bedeutet jedoch nicht automatisch, dass sie auch bessere Fremdsprachenkenntnisse haben, sondern oft nur, dass sie diese Kenntnisse selbstbewusster einsetzen. Und das müssen sie auch, da man mit Niederländisch allein in der Welt natürlich noch sehr viel weniger weit kommt als wir mit unserem Deutsch.

Viele Niederländer, die versuchen, Deutsch zu sprechen, benutzen dafür eine Art Kunstsprache, die sie *Steenkolenduits* nennen. „Steinkohlendeutsch" ist im Kern nichts anderes als reinstes Niederländisch, aber in deutscher Aussprache. Und das Merkwürdige ist, dass man es als deutscher Muttersprachler meist problemlos versteht!

Der in Groningen lebende deutsche Psychologe und Berufsberater Reinhard Wolff hat dazu eine Art Wörterbuch Steenkolenduits-Hochdeutsch geschrieben, das den Titel *Lass mal sitzen* trägt. „Lass mal sitzen" ist Steinkohlendeutsch für *laat maar zitten* (na gut, dann eben nicht). Das Buch ist in thematische „Hauptstücke" (von *hoofdstukken*, Kapitel) untergliedert, in denen man wichtige Wendungen nachschlagen kann wie „Er sitzt gut in seinem Fell" (Er fühlt sich wohl in seiner Haut), „Bitte platzen Sie sich" (Bitte nehmen Sie Platz) oder „Ich schnappe hier keinen Barst von" (Ich verstehe immer nur Bahnhof).[16]

Dass man selbst ohne Niederländischkenntnisse keine großen Probleme damit hat, Steinkohlendeutsch zu verstehen, liegt natürlich an der Ähnlichkeit der beiden Sprachen. Doch diese Ähnlichkeit hat manchmal auch ihre Tücken. Denn beide Sprachen sind so eng miteinander verwandt, dass sie jede Menge **(→) „falscher Freunde"** haben. Aus dem Kontext wird zwar meist klar, was gemeint ist, doch manchmal ergeben sich (mehr oder weniger) lustige Missverständnisse. So sagte einmal ein nieder-

16 Inzwischen gibt es eine Fortsetzung zu *Lass mal sitzen*. Das Buch aus dem Jahr 2011 trägt den Titel *Es kommt wohl gut. Duitse Taalblünders*.

ländischer Mitarbeiter während einer Vorstellungsrunde im Rahmen eines deutsch-niederländischen Berufsbildungsprojekts: „Und mein Hobby ist vögelen." Als er spürte, dass er etwas Falsches gesagt hatte, versuchte er, das betretene Schweigen zu brechen, indem er dieses „Hobby" näher zu erläutern begann: „Und das mache ich mit meine Frau oder meine Bührman", also „meinem Nachbarn". Glücklicherweise war ein Dolmetscher für Steinkohlendeutsch zur Stelle, der das Missverständnis rasch aufklären konnte. Was der niederländische Projektkollege hatte mitteilen wollen, war, dass er Hobby-Ornithologe, also Vogelkundler, sei. Sein Deutsch war also noch „für Verbesserung fassbar", wie man auf Steinkohlendeutsch sagen würde.

Der beste Steinkohlendeutsch-Sprecher Deutschlands ist sicher der Komiker Hape Kerkeling – sein Auftritt als Königin Beatrix im Jahre 1991 ist legendär.[17] Verkleidet als Königin der Niederlande gelang es ihm, im Auto und vor laufenden Kameras kurz vor dem Eintreffen der echten Beatrix vor dem Berliner Schloss Bellevue vorzufahren und eine kurze Rede an das deutsche Volk zu halten – in, na klar, Steinkohlendeutsch.

Umgekehrt, das heißt als Steinkohlenniederländisch, funktioniert es natürlich genauso gut. „Wenn man das niederländische oder deutsche Wort nicht kennt, benutze man einfach dasselbe Wort in der eigenen Sprache oder dessen wörtliche Übersetzung. Das gilt für etwa 80 Prozent des niederländisch-deutschen Wortschatzes. Englische und französische Lehnwörter können in beiden Sprachen verwandt werden. Die Deutschen müssen alle Umlaute weglassen, und die Niederländer müssen die Pünktchen wieder draufsetzen", rät Dik Linthout (2010, S. 147). Und fertig ist die Nachbarsprache. **(→ Eurospeak und Abkürzungen)**

17 Wer Lust hat, sich den „Staatsbesuch" einmal anzusehen, wird fündig unter: *www.youtube.com/watch?v=O3YIBZ2VFzs*

Tulpen

Wenn der Frühling kommt, dann schick ich Dir Tulpen aus Amsterdam,
wenn der Frühling kommt, dann pflück ich Dir Tulpen aus Amsterdam,
wenn ich wiederkomm, dann bring ich Dir Tulpen aus Amsterdam,
tausend rote, tausend gelbe,
alle wünschen Dir dasselbe.
Was mein Mund nicht sagen kann,
sagen Tulpen aus Amsterdam.

Wer hat dieses Lied nicht schon einmal gehört, etwa in der Fassung des niederländischen Kinderstars der 1960er Jahre, Heintje **(→ Musik)**? Tatsächlich: Kaum etwas verbindet man so sehr mit „Holland" wie die Tulpe – die ursprünglich allerdings gar nicht aus den Niederlanden kommt. Die ersten Exemplare der Pflanze wurden erst Ende des 16. Jahrhunderts über die Türkei in die **(→) Republik der Sieben Vereinigten Niederlande** eingeführt. Dort wurde die Pflanze dann weitergezüchtet – und sorgte schon bald für einen bizarren „Tulpenrausch".

Es begann in den 30er Jahren des 17. Jahrhunderts: Innerhalb kürzester Zeit setzte an der Börse in Amsterdam ein Run auf die Tulpe ein, der die Preise für Tulpenzwiebeln in schwindelerregende Höhen trieb. Für eine einzige Zwiebel musste zeitweise der Gegenwert eines stattlichen Grachtenhauses aufgeboten werden. Es gab sogar einen blühenden Handel mit *Optionen* auf Tulpenzwiebeln, das heißt es wurde mit dem *Versprechen* auf Tulpen gehandelt, nicht mit der Ware selbst. Es kam natürlich, wie es kommen musste: Im Februar 1637 platzte die Spekulationsblase ebenso plötzlich, wie sie entstanden war, und trieb in der Folge viele Händler und Spekulanten in den Ruin.

Auch wenn die übrige Welt nichts davon gelernt hat (siehe die jüngste Weltfinanzkrise, die ja bekanntlich auch durch einen Windhandel ausgelöst wurde), haben sich die Niederlande inzwischen prächtig von dem Schlag aus dem 17. Jahrhundert erholt. Heute zählt das Land mit einem Weltmarktanteil von über 80 Prozent zu den international größten Tulpenproduzenten. Die *Tulipa* wird dort auf etwa 10.000 Hektar Anbaufläche in über 1.200 Sorten kultiviert. Im Frühjahr zieht es ganze Busladungen voll Touristen zum *Keukenhof* nahe des südholländischen Ortes Lisse, nicht weit von Amsterdam, um die Millionen von Tulpen zu bewundern, die dort dann in allen Farben und Schattierungen grünen und blühen. Im Jahre 2007 plante die damalige niederländische Regierung unter Jan Peter Balkenende sogar, nach dem Vorbild der „Palmeninsel“ in Dubai eine etwa 50 Kilometer lange künstliche Insel in Form einer Tulpe vor der niederländischen Nordseeküste aufzuschütten – ein Vorhaben, das jedoch dank der oben bereits erwähnten Finanzkrise, die auch die Niederlande nicht verschonte, erst einmal wieder in der Schublade verschwand.

Die Tulpe ist für die Niederlande also nicht nur ein Nationalsymbol, sondern auch ein echter Exportschlager und Kassenmagnet geworden – ob als Zwiebel oder Schnittblume, als Touristenattraktion oder als Motiv auf Tellern, Tassen und T-Shirts in den unzähligen Souvenirshops des Landes. Denn für viele Menschen auf der ganzen Welt gilt nach wie vor: *Was mein Mund nicht sagen kann, / sagen Tulpen aus Amsterdam.*

Umbrüche

Am 6. Mai 2002 geschah in den Niederlanden etwas, das kaum jemand für möglich gehalten hätte: Nur wenige Tage vor den Parlamentswahlen wurde der Führer der rechtspopulistischen LPF, Pim Fortuyn, auf offener Straße von einem linksradikalen Umweltschutzaktivisten erschossen. Es war das erste Mal seit über 400 Jahren, dass ein niederländischer Politiker einem Mordanschlag zum Opfer gefallen war. Damals hatte es Willem van Oranje getroffen, den ersten Statthalter der jungen niederländischen Republik **(→ Republik der Sieben Vereinigten Niederlande)**, der im Jahr 1584 von dem fanatischen Katholiken Balthasar Gerards erschossen wurde.

Dem Mord an Pim Fortuyn war eine aufregende Zeit vorausgegangen. Zwei Jahre zuvor, im Januar 2000, hatte der Soziologe Paul Scheffer einen Artikel mit dem Titel „Das multikulturelle Drama" geschrieben, der für großes Aufsehen in der niederländischen Öffentlichkeit sorgte, weil er darin mit einem Tabu brach. In seinem Artikel behauptete er, dass die sprichwörtliche „Toleranz" seiner Landsleute anderen Kulturen und Weltanschauungen gegenüber nichts als Gleichgültigkeit sei, ein Die-Augen-Verschließen vor den Problemen, die eine multikulturelle Gesellschaft mit sich brächte. Scheffer forderte eine neue Einwanderungs- und Integrationspolitik.

Offenbar hatte er damit einen Nerv in der Gesellschaft getroffen, denn nur ein Jahr später schoss eine politische Bewegung aus dem Boden, die einen härteren Umgang in der Ausländerfrage forderte – in den Niederlanden leben 20 Prozent Ausländer, in den großen Städten der **(→)** ***Randstad*** liegt der Anteil sogar bei 50 Prozent und darüber. Schon bald setzte sich der redegewandte Soziologieprofessor und bekennende Homosexuelle Pim Fortuyn mit seiner „Das Boot ist voll"-Parole an die Spitze dieser Bewegung. Er war eine schillernde Figur, die sich mit zwei Schoßhunden im Arm und in einem Bentley mit privatem Chauffeur herumfahren ließ. In Interviews teilte er gern sein Wissen mit dem Fernsehpublikum – etwa, dass menschliches Ejakulat nach Kräuterbranntwein schmecke. Pim Fortuyn suchte offensiv die Auseinandersetzung mit der etablierten Politik – und vor allem den Politikern, die dabei meist keine gute Figur machten. So widerlegte er einmal den Vorwurf, antiislamisch und ausländerfeindlich zu sein, mit dem Geständnis, doch regelmäßig mit jungen Marokkanern ins Bett zu steigen.

Fortuyn hatte großen Erfolg mit seinen Forderungen, vor allem nach seinem gewaltsamen Tod, der die wenige Tage darauf stattfindenden Wahlen zu einer einzigen großen Trauerbekundung für den Politiker werden ließ. Die LPF ging aus diesen Wahlen mit 26 von 150 Sitzen hervor und war damit die zweitstärkste Partei des

Landes – eine Macht, die sie allerdings aufgrund der nach dem Mord deutlich fehlenden Leitfigur sowie parteiinterner Querelen ebenso rasch wieder verlor. Seit 2006 ist sie nicht mehr im niederländischen Parlament vertreten, und inzwischen hat sich die Partei aufgelöst.

Doch mit dem Tod Pim Fortuyn war der Spuk noch nicht zu Ende – vielmehr schien er erst richtig zu beginnen. Denn nur zweieinhalb Jahre später, am 2. November 2004, wurde der bekannte Filmregisseur Theo van Gogh – übrigens verwandt mit dem Maler Vincent van Gogh – auf offener Straße von einem jungen Moslem erstochen. Der Islamkritiker (und Bewunderer Pim Fortuyns) war für seine rüden Äußerungen gegenüber Andersdenkenden bekannt. So hatte er den Islam einmal als den Glauben „des Ziegenfickers aus Mekka" bezeichnet und damit sehr viel böses Blut erzeugt. Der Auslöser für den Mord an ihm war jedoch ein gerade fertiggestellter Film, in dem es um die Misshandlung muslimischer Frauen ging.

Die Politik reagierte auf diese Entwicklungen, wie sie so oft zu reagieren pflegt: Sie machte sich die Forderungen des „gesunden Volksempfindens" zu eigen und verschärfte ihre Einwanderungs- und Ausländerpolitik. Dies geschah in einem Maße, die vielen Niederländern, die sich etwas auf die Toleranz und die Lockerheit ihres Landes zugute hielten, die Schamesröte ins Gesicht trieb. Die Tür, die Paul Scheffer im Jahr 2000 vorsichtig geöffnet hatte, ließ sich nicht mehr schließen, sondern wurde im Gegenteil immer weiter aufgestoßen. 2005 gründete ein ehemaliger Politiker der traditionellen rechtsliberalen VVD, ein gewisser Geert Wilders, eine neue Partei, die *Partij voor de Vrijheid* (PVV), die sich gegen die, wie sie es nennt, „Islamisierung der niederländischen Gesellschaft" wendet und ein Verbot des Korans fordert (**→ Zeitenwende)**. Außerdem ist sie für die Atomkraft, lehnt die Theorie der von Menschen verursachten Erderwärmung ab und strebt die Auflösung des Staates Belgien und den Anschluss Flanderns an die Niederlande an.

Ein Fall für die Psychiatrie, würde man denken, doch die Forderungen der PVV finden großen Zuspruch in der niederländischen Bevölkerung. Dies zeigte sich auch bei den letzten Wahlen im Juni 2010, wo die Wilders-Partei satte 24 Sitze gewann und damit zur drittstärksten Kraft im Lande wurde. Nach langem Hin und Her einigten sich die rechtsliberale VVD und die stark geschrumpfte christdemokratische Partei CDA auf ein Minderheitenkabinett, das auf die Unterstützung der populistischen PVV des Geert Wilders angewiesen ist – ein Beispiel für die merkwürdigen Formen, die das traditionelle niederländische **(→)** ***gedoogbeleid***, die „Politik der Duldung", manchmal annehmen kann.

Verkehr

Die Niederlande verfügen über ein sehr gut ausgebautes Bus- und Schienennetz für den öffentlichen Personennah- wie -fernverkehr. Das gilt insbesondere für die größeren Städte und den Ballungsraum **(→)** ***Randstad*** im Westen des Landes: Züge, die fast im Zehn-Minuten-Takt zwischen den Zentren verkehren, Regional- und Stadtbusse, Straßenbahnen sowie (in Amsterdam, Rotterdam und Den Haag) die U-Bahn, die die Reisenden schnell und sicher an ihr Ziel transportieren. Wo es dann immer noch nicht ganz passen sollte, kann man bequem sein *vouwfiets*, sein Klappfahrrad, mit auf die Reise nehmen und vom Bahnhof oder der Bushaltestelle aus gemütlich zu seinem Bestimmungsort radeln **(→ Fietsen)**. Die Niederlande sind also ein Land, in dem man auch ohne Auto überleben kann.

Doch es gibt auch ein paar Wermutstropfen. So macht das Angebot der Verkehrsbetriebe oft an den Grenzen halt. In der Vergangenheit wurden eine Reihe regionaler grenzüberschreitender Zugverbindungen wegen Unrentabilität aufgegeben und durch Busse ersetzt – so geschehen auf der ehemaligen Zugstrecke Nijmegen-Kleve. Statt eines Zuges fährt heute stündlich ein Bus zwischen Nijmegen Centraal Station und dem Bahnhof in Kleve, der für die etwa 25 Kilometer lange Strecke fast eine Stunde benötigt. Ähnlich sieht es zwischen Arnhem und Emmerich aus. Zwar fährt der schnelle internationale ICE Frankfurt-Amsterdam über Emmerich, hält dort jedoch nur, wenn es (wieder einmal) Strecken- oder Triebwagenprobleme gibt. Wer also von Emmerich aus mit öffentlichen Verkehrsmitteln in das knapp 40 Kilometer entfernte Arnhem möchte, muss erst den Bus nach Nijmegen und von dort dann den Zug nach Arnhem nehmen – eine Strecke, für die er knapp zwei Stunden benötigt. Lediglich auf wenigen, ausgewählten Strecken – wie etwa zwischen Dortmund und Enschede oder zwischen Aachen und Heerlen gibt es direkte regionale Zugverbindungen.

Wer in den 1980er Jahren schon einmal mit der Bahn in den Niederlanden unterwegs war, wird sich vielleicht noch erinnern, dass die *Nederlandse Spoorwegen*, auch kurz *NS* genannt, ein Musterbeispiel an Pünktlichkeit und Zuverlässigkeit waren. Doch damit ist es seit der Privatisierung der NS Anfang der 90er Jahre vorbei: Verspätungen, Zugausfälle und eine völlig unzureichende Information der Fahrgäste auf den Bahnsteigen prägen nun das Bild. Das sorgt natürlich für viel Unmut unter den Kunden, wenn sie wieder einmal auf irgendeinem Bahnhof stranden und nicht wissen, wie sie weiterkommen. Gegen die Verhältnisse bei den Nederlandse Spoorwegen hebt sich sogar noch unsere Deutsche Bahn als freundliches und kundenorientiertes Serviceunternehmen ab.

Dass die Qualität der niederländischen Bahn in den letzten Jahrzehnten derart gelitten hat, liegt hauptsächlich daran, dass im Zuge der Privatisierung an Mensch und Material gespart wurde, was die betriebswirtschaftlichen Kennziffern hergaben. Es wurde so viel Personal entlassen, dass es manchmal nicht einmal Ersatz für einen erkrankten Lokomotivführer gibt, so dass der Zug dann im Bahnhof stehenbleiben muss – wenn er dort nicht ohnehin schon aufgrund irgendeines technischen Defekts steht. Mit anderen Worten: Zug fahren in den Niederlanden ist etwas für Leute, die den Kick suchen, eines der letzten großen Abenteuer der Menschheit.

Seit einigen Jahren hat man bei der NS ein weiteres Einsparpotential entdeckt: den Dienst am Kunden. Fahrgäste werden durch Preisaufschläge an den Schaltern systematisch ins Internet und an die Fahrscheinautomaten getrieben oder aber durch die Unzuverlässigkeit und Kundenunfreundlichkeit des Gesamtsystems gleich ganz verscheucht **(→ Schöne neue Dienstleistungswelt)**.

Doch das Auto ist nicht in jedem Fall die bessere Alternative. Kraftfahrzeugsteuer und Benzinpreise liegen in den Niederlanden deutlich höher als bei uns, die Autobahnen sind, insbesondere in den Ballungszentren und im Berufsverkehr, chronisch verstopft, die Strafen für zu schnelles Fahren und Falschparken drakonisch, und die Parkgebühren grenzen zum Teil schon an Wegelagerei.

Also doch mit Bussen und Bahnen? Dann wird sich allerdings derjenige, der vom Auto auf den öffentlichen Personentransport umsteigt, erst an die neue *OV-chipkaart* (OV steht für *Openbaar Vervoer*, öffentliche Personenbeförderung) gewöhnen müssen. Die OV-chipkaart ist ein elektronischer Fahrausweis nach Art einer aufladbaren Geldkarte. Sie wurde 2005 eingeführt und soll nun Schritt für Schritt die gute alte *strippenkaart* ersetzen, eine Streifenkarte, die nach dem Zonenprinzip funktionierte und sich landesweit im öffentlichen Nahverkehr nutzen ließ.

Die mit zahlreichen Pannen begleitete Einführung der OV-chipkaart ist ein typisches Beispiel für die niederländische **(→) „Reformitis“**. Obwohl die strippenkaart sich bestens bewährt hatte und eigentlich alle mit ihr zufrieden waren, musste etwas Neues, „Innovatives“ her, das den Anforderungen der heutigen Zeit genügt: ein elektronischer Fahrschein, der sich bargeldlos in allen Transportmitteln – ob Busse, Bahnen oder Fähren – gleichermaßen nutzen lässt, der unabhängig von Beförderungszonen funktioniert und mit dem sich die Fahrpreise flexibel gestalten lassen.

Das Ergebnis ist nun eine Chipkarte, die man beim Ein- und Aussteigen an ein

Lesegerät halten muss, das jedes Mal ein lautes Piepsen von sich gibt, so dass man, wenn man eine Viertelstunde neben so einem Lesegerät sitzt, den Bus oder die Bahn mit einem leichten Tinnitus verlässt. Vergisst man einmal, beim Aussteigen die Karte an das Lesegerät zu halten, wird sie – je nach Beförderungsmittel – zur Strafe mit 4 bis 20 Euro belastet. Sicher ist sie übrigens auch nicht: Bereits 2008 wurde der Sicherheitscode der Karte erstmals geknackt, inzwischen soll es sogar ein kleines Programm geben, mit dem sich die Daten auf der Karte auch ohne technische Vorkenntnisse manipulieren lassen.

Viele Niederländer sind erbost darüber, dass sie gezwungen werden, auf das neue System umzusteigen, und beschweren sich massiv. *Wie viele* Beschwerden es mittlerweile sind, weiß man nicht genau: Ihre Zahl ist eines der bestgehüteten Geheimnisse der niederländischen Verkehrsbetriebe. Kunden klagen darüber, dass das System teuer, unausgereift und viel zu kompliziert ist sowie zu überhöhten und intransparenten Fahrpreisen führt. Außerdem kritisieren sie, dass die OV-chipkaart sie zum „gläsernen Fahrgast" macht und datenschutzrechtlich höchst fragwürdig ist. Eine von der Regierung beauftragte Kommission soll sich jetzt mit diesen Einwänden beschäftigen.

Und so geht es, wie es so oft in den Niederlanden läuft: Es wird eine Kommission eingesetzt, die irgendwann einen Abschlussbericht vorlegt, in dem sie ein paar Maßnahmen vorschlägt, die in der Praxis dann allerdings eher zu einer Verschlimmbesserung der Probleme führen, statt sie zu lösen. Man wurschtelt sich in der Folge noch ein paar weitere Jahre durch – bis man das System wieder abschaffen beziehungsweise durch ein anderes, und hoffentlich dann besser funktionierendes, ersetzen kann.

Versäulung

Es ist noch gar nicht so lange her, dass sich die Niederlande in einem Zustand befanden, der als *verzuiling* in die Geschichtsbücher eingegangen ist. Diese „Versäulung" prägt noch immer die niederländische Gesellschaft – vor allem die Politik beziehungsweise den Politikstil. Gegen Ende des 19. Jahrhunderts begannen die Anhänger der großen Konfessionen und Weltanschauungen – Katholiken, Protestanten, Sozialdemokraten und Liberale – sich auf allen gesellschaftlichen Ebenen gegeneinander abzugrenzen und innerhalb des eigenen Glaubens oder der eigenen Weltanschauung zu organisieren. Für einen Katholiken bedeutete dies etwa, „dass er selbstverständlich eine katholische (Vor-) Schule besuchte, Mitglied in einem katholischen Sportverein wurde und dadurch auch nahezu ausschließlich katholische Freunde hatte. Später verliebte er sich natürlich in ein katholisches Mädchen, das er dann auch heiratete. [...] Bei Wahlen gab er seine Stimme der katholischen Partei. Er wurde Mitglied in einer katholischen Gewerkschaft, las eine katholische Tageszeitung und hörte die Sendungen des *Katholieke Radio Omroep* (KRO). Sein soziales Leben spielte sich im eigenen katholischen Kreis ab [...]. Er kaufte sein Brot vorzugsweise bei einem katholischen Bäcker, und wenn sein katholisches Leben zu Ende ging, wurde er unter der Federführung eines katholischen Bestattungsunternehmers beerdigt. [...] Von der Wiege bis zur Bahre verkehrte man hauptsächlich im eigenen Kreis, und die große Mehrheit hatte kaum Kontakt zu Mitgliedern anderer Säulen." So der an der Universität Münster lehrende niederländische Historiker Friso Wielenga (2008, S. 98 f.).

Zwar grenzten sich zu jener Zeit auch in Deutschland die verschiedenen sozialen Milieus voneinander ab, doch nirgends waren die Trennlinien zwischen den „Säulen" stärker ausgeprägt als in den Niederlanden. Gesellschaftliche Aushandlungsprozesse konnten auf diese Weise ausschließlich zwischen den Spitzen, das heißt den politischen Eliten des Landes stattfinden. Dabei unterlagen diese Aushandlungsprozesse bestimmten Spielregeln, von denen die meisten die politische Kultur in den Niederlanden bis heute prägen – so wie etwa die Neigung zur strikten Sachpolitik, zur pragmatischen Toleranz **(→ Gedoogbeleid)**, zu Spitzengesprächen oder zur Geheimhaltung.

Die Versäulung sorgte einerseits dafür, dass der soziale Frieden in der niederländischen Gesellschaft gewahrt werden konnte – man ließ sich gegenseitig in Ruhe –, andererseits bot sie eine ausgezeichnete Möglichkeit, innerhalb der Säulen ein wachsames Auge auf die Mitglieder der eigenen Religion oder Weltanschauung auszuüben: Wer aus der Reihe tanzte, konnte sicher sein, Probleme zu bekommen.

Die Versäulung schlug Ende der 1950er Jahre in einen Prozess der „Entsäulung" um und mündete schließlich in einen breiten gesellschaftlichen Protest. Deren bekannteste Erscheinungsform ist die *Provo*-Bewegung aus dem Jahr 1965, der es, anders als der Studentenbewegung in Deutschland, weniger um Politik als vielmehr um Spaß ging. Der Protest veränderte das Denken der Niederländer in eine Richtung, die das Bild der Niederlande im Ausland bis weit in die 1990er Jahre hinein prägte und mit Begriffen wie **(→) „Lockerheit"** und „Toleranz" verbunden ist.

Der Prozess der Entsäulung spiegelte sich auch in der Parteienlandschaft der Niederlande wider. Er führte etwa zum Zusammenschluss der drei wichtigsten christlichen Parteien zur heutigen CDA (*Christendemokratisch Appel*, vergleichbar mit der CDU) und sorgte dafür, dass die sozialdemokratische PvdA (*Partij van de Arbeid*) auch für Mitglieder anderer Säulen wählbar wurde. Zugleich änderte sich die politische Kultur des Landes: Moralische Fragen traten in den Vordergrund und bestimmten das politische Handeln. Es war, ähnlich wie in Deutschland, die Zeit des *maakbaarheids*-Gedankens, also des festen Glaubens an die Gestaltungskraft und das Steuerungsvermögen des Staates auf politischem, gesellschaftlichem und wirtschaftlichem Gebiet.

Noch heute finden sich Überreste der alten Säulen in der niederländischen Gesellschaft. Am deutlichsten wird dies vielleicht am Fernseh- und Rundfunksystem mit dessen verschiedenen Rundfunkvereinigungen: vom evangelisch-reformierten EO (*Evangelisch Omproep*), der protestantischen NCRV (*Nederlandse Christelijke Radio-Vereniging*) und dem katholischen KRO (*Katholieke Radio Omroep*) über den liberal-protestantischen VPRO (*Vrijzinnig Protestantse Radio Omroep*) und der eher neutralen AVRO (*Algemene Vereniging Radio Omroep*) bis hin zur ehemals sozialistischen VARA (*Vereniging Arbeiders Radio Amateurs*). Dieses System funktioniert über eine Mitgliedschaft: Je mehr Mitglieder eine Rundfunkvereinigung hat, umso mehr Sendezeit bekommt sie. „Heute spielt bei den meisten Fernseh- und Hörfunkprogrammen die ideologisch geprägte Färbung der großen Rundfunkvereine kaum noch eine Rolle. Vielmehr steht die neutrale Informationsvermittlung im Vordergrund. Vor allem der deutsche Arbeitnehmer wird die weltanschaulichen Nuancen kaum bemerken", so die Medienexpertin und Niederlandekennerin Katrin Arntz (2009, S. 250).

Allmählich verblasst in den Niederlanden also die Erinnerung an die Säulenbindung der verschiedenen gesellschaftlichen Organisationen. Wer heutzutage *de Volkskrant* liest, wird nicht mehr bemerken, dass es sich um eine ehemals katholische Tageszeitung handelt. Die ursprünglich evangelisch-reformierte *Vrije Universiteit* in Amsterdam, die *VU*, steht längst auch konfessionell ungebundenen Studenten offen, und die *Katholieke Universiteit Nijmegen*, die *KUN*, hat sich vor einigen Jahren – wenn auch nach einem Utrechter Bischof – in *Radboud Universiteit* umbenannt. Und natürlich gilt auch bei den politischen Parteien schon lange, dass jeder Niederländer seine Partei nach persönlicher Neigung anstatt nach Zugehörigkeit zu einer bestimmten gesellschaftlichen Gruppe wählen darf.

VOC und WIC

Das 17. Jahrhundert gilt in den Niederlanden heute als *Gouden Eeuw*, Goldenes Zeitalter (→ **Republik der Sieben Vereinigten Niederlande**). Dass es so golden wurde, verdankt es vor allem zwei Organisationen: einerseits der *Vereenigde Oostindische Compagnie*, abgekürzt VOC, und andererseits der *West-Indische Compagnie*, kurz WIC. Bei diesen beiden Kompanien handelte es sich um die ersten multinationalen Konzerne der Weltgeschichte, die, zusammengenommen, den weltweiten Handel mit allem organisierten, womit sich zur damaligen Zeit gutes Geld verdienen ließ: Gewürze, Tee, Kaffee, Textilien und – vor allem – Sklaven.

Die VOC, auf Deutsch auch „Niederländische Ostindien-Kompanie" genannt, wurde 1602 von niederländischen Kaufleuten gegründet, um die lästige gegenseitige Konkurrenz auszuschalten. Finanziert wurde das Unternehmen – erstmals in der internationalen Wirtschaftsgeschichte – mit der Ausgabe von Aktien. Dieses damals noch relativ junge Instrument zur Finanzierung großer Investitionsvorhaben sorgte zugleich dafür, dass das geschäftliche Risiko für den einzelnen Kaufmann überschaubar wurde. Denn wenn einmal ein Schiff mit Waren unterging – was damals häufiger vorkam –, bedeutete es nicht gleich den Ruin desjenigen, der die Ladung vorfinanziert hatte, sondern der Schaden verteilte sich auf alle Aktionäre.

Hauptsitz der VOC waren die Städte (→) **Amsterdam** und Middelburg in Zeeland. Das imposante Amsterdamer Verwaltungsgebäude, das *Oost-Indisch Huis* an der Oude Hoogstraat Nr. 24, das heute Teile der Universiteit van Amsterdam beherbergt, lässt noch immer etwas vom damaligen Glanz der Kompanie erahnen.

Das überseeische Hauptquartier der VOC war Batavia, das heutige Jakarta, auf der indonesischen Insel Java, weitere wichtige Handelsposten der Kompanie befanden sich in Japan, im heutigen Iran, in Indien und Bangladesh, auf Sri Lanka, in Taiwan und in Südafrika. Gehandelt wurde vor allem mit Muskat, Pfeffer und anderen Gewürzen, Plantagenprodukten wie Tee und Kaffee, Textilien sowie später auch mit Baumwolle und Opium. Bis zu ihrer Auflösung im Jahre 1798, also über einen Zeitraum von fast zweihundert Jahren, hatte die VOC etwa 5.000 Schiffe unter Segel und beschäftigte eine Million Arbeitskräfte: als Matrosen, Söldner, Kanzleigehilfen und Lagerknechte, aber auch als Handwerker und Chirurgen. Ungefähr die Hälfte dieser Arbeitskräfte kam aus dem Ausland, die meisten aus Deutschland.[18]

---

18 Über die Deutschen im Dienste der Niederländischen Ostindien-Kompanie hat der Niederländer Roelof van Gelder (2004) ein interessantes Buch geschrieben.

Die VOC entwickelte sich nicht nur rasch zu einem mächtigen Handelsunternehmen, sondern bildete von Anfang an auch so etwas wie einen „Staat im Staat“. Mehr noch, aufgrund des Handelsmonopols sowie des Rechts auf Landerwerb, Kriegsführung und Festungsbau, das der niederländische Staat ihr eingeräumt hatte, arbeitete die Kompanie Hand in Hand mit der Obrigkeit zusammen, zum Wohle der kolonialen Interessen des Staates (etwa im heutigen Indonesien), vor allem aber zum Wohle des eigenen Geldbeutels. Doch wie es bei so vielen Großunternehmen – auch heute noch – geht: Es blühten nicht nur die Geschäfte, sondern auch die Korruption, an der die VOC im Jahre 1789 schließlich zugrunde ging.

VOC-Hauptquartier in Amsterdam

Das Gegenstück zur VOC bildete die 1621 gegründete WIC, die Niederländische Westindien-Kompanie, ebenfalls mit zwei Hauptsitzen in Amsterdam und Middelburg. Das ehemalige Amsterdamer Verwaltungsgebäude am Herenmarkt, das *West-Indisch Huis*, wird heute unter anderem als Büro- und Veranstaltungsgebäude genutzt.

Die WIC war nach demselben Prinzip wie die Ostindien-Kompanie aufgebaut und hatte vom Staat das Monopol für den Handel in Westafrika und Amerika erhalten. Das Hauptinteresse galt allerdings zunächst dem auch damals schon sehr lukrativen Kapergeschäft. Man befand sich im Krieg gegen Spanien, und auf fast allen Schiffen der WIC fuhren Soldaten mit, die spanische Schiffe aufbrachten und für den sicheren Transport der Beute in die Heimat sorgten.

Zugleich gründete die WIC überseeische Niederlassungen, zu deren bekanntester die Kolonie *Nieuw-Nederland* an der Ostküste der heutigen USA gehörte. Den dort lebenden Indianern hatte man – für bescheidene 60 niederländische Gulden – eine Insel mit dem Namen *Manna-hata* abgekauft und errichtete darauf eine Stadt, die man *Nieuw-Amsterdam* nannte. Heutzutage sind Insel wie Stadt besser unter dem Namen Manhattan beziehungsweise New York bekannt. Weitere niederländische Gründungen waren Breukelen und Nieuw-Haarlem (die heutigen New Yorker Stadtteile Brooklyn und Harlem), Hoboken, Connecticut, Delaware, New Jersey sowie Niederländisch-Guayana an der Nordküste Südamerikas, das heutige Suriname beziehungsweise Guyana. (→ **Kolonialgeschichte**)

WIC-Hauptquartier in Amsterdam

Doch die Kolonisierung funktionierte nicht so, wie man es sich vorgestellt hatte. Denn anders als New York heute hatte Nieuw-Amsterdam damals nicht die Ausstrahlungskraft, um genügend Siedler anzulocken; außerdem verschlangen die ständigen Kriegsscharmützel mit England, das ebenfalls ein Auge auf die niederländischen Besitzungen geworfen hatte, wie auch die Besiedlung der neuen Gebiete selbst Riesensummen. Deshalb konzentrierte sich die WIC mehr und mehr auf ihr Kerngeschäft: den Sklavenhandel mit Westafrika. Zwischen 1674 und 1740 waren 383 Sklavenschiffe für die Kompanie unterwegs, die ihre menschliche Fracht von Afrika aus weltweit in die Regionen lieferte, die billige Arbeitskräfte für die überall entstehenden Plantagen benötigten. Insgesamt sind von der WIC auf diese Weise 450.000 Menschen verschleppt und verkauft worden.

Obwohl sich für die niederländischen Kaufleute – und den niederländischen Staat – mit dem Menschenhandel ein hübsches Sümmchen verdienen ließ, reichte der Gewinn doch nicht aus, um die zunehmende finanzielle Schieflage der Kompanie wieder ins Lot zu bringen. So wurde die Westindien-Kompanie 1791, zwei Jahre nach der VOC, schließlich ebenfalls aufgelöst.

Und die Sklaverei selbst? Sie wurde in den Niederlanden offiziell erst viele Jahrzehnte später abgeschafft, und zwar am 1. Juli 1863.

Wasser

„Zwar haben wir schon mehrere Völker, die in so dürftigen Lebensverhältnissen leben, an der Küste des östlichen Weltmeeres genannt; aber auch im Norden haben wir solche gesehen [...]. Dort überflutet der Ocean in gewaltigem Strom zweimal innerhalb eines Tages und einer Nacht einen unabsehbaren Landstrich, so dass er den ewigen Kampf der beiden Elemente verhüllt und es unentschieden lässt, ob dieser Raum dem Festlande oder dem Meere angehöre. Dort wohnt dies arme Volk auf Hügeln oder künstlich nach Maßgabe der höchsten Fluthen aufgeworfenen Anhöhen, auf welchen es Hütten errichtet, Schiffenden ähnlich, wenn die Fluth ringsum Alles mit Wasser bedeckt, und Schiffbrüchigen, wenn dieses sich wieder verlaufen hat."

Mit diesen Worten beschrieb der römische Offizier und Gelehrte Plinius der Ältere im Jahre 47 n. Chr. den Landstrich, den wir heute die Niederlande nennen, und die Lebensumstände seiner Bewohner: die Fischernetze, die sie aus Schilf und Binsen flochten, das Regenwasser, das sie in tiefen Gruben auffingen und das ihr einziges Getränk war, den Moorboden, den sie aushoben und trockneten, um damit Feuer zu machen. „Und so ist es denn in der Tat vollkommen wahr", fasste Plinius erschüttert seine Beobachtungen des damaligen niederländischen *way of life* zusammen, „dass die Natur gar vielen das Leben nur erhält, um sie zu strafen".

Seither hat sich manches getan: Die Niederlande gehören heute zu den reichsten Ländern der Welt, und auch in puncto Lebensqualität rangiert das Land weltweit auf den vorderen Plätzen, noch vor Deutschland. Das niederländische Bruttoinlandsprodukt ist, pro Kopf, das zweithöchste in Europa, die Arbeitslosenquote die zweitniedrigste in der gesamten EU. Dass dies so ist, verdankt das Land nicht nur seiner geographischen Lage, die es zu einer Drehscheibe des internationalen Handels werden ließ – der Rotterdamer Hafen ist heute der größte in Europa und der drittgrößte der Welt –, sondern vor allem der Zähigkeit und Unbeugsamkeit seiner Bewohner, mit denen sie den Widrigkeiten ihrer lebensfeindlichen Umgebung trotzten.

Der niederländische Journalist Geert Mak zeichnet in seinem Buch *Niederlande* die Geschichte dieses Kampfes nach: die Sicherung des Landes gegen das Meer (→ **Windmühlen, Deiche und Polder**) mithilfe umfangreicher Deichbauarbeiten ab dem 12. Jahrhundert, die Landgewinnung durch die Trockenlegung der ausgedehnten Moorgebiete, die Einpolderung der ständig von Hochwasser bedrohten Küstenregionen und die Errichtung gigantischer Bauwerke – wie den Abschlussdeich, der aus der ehemaligen Zuiderzee, dem jetzigen Ijsselmeer, einen Binnensee machte, oder die Delta-Werke in Zeeland – als Voraussetzung zur Landgewinnung und zum Schutz gegen Sturmfluten.[19]

Diese gewaltigen Infrastrukturprojekte setzten nicht nur umfangreiches wasserbautechnisches Wissen voraus, sondern erforderten auch ein hohes Maß an Abstimmung und Organisation. Es kam zur Gründung der sogenannten *waterschappen*, regionale Deichgenossenschaften bestehend aus Grundbesitzern, Pächtern und Gebäudeeigentümern, die unter der Leitung eines „Deichgrafen" für die Instandhaltung und den Ausbau ihrer Deichabschnitte zuständig waren – und noch heute sind. Die *waterschappen* zählen zu den ältesten, demokratisch verfassten Institutionen des niederländischen Staatswesens und gelten aufgrund ihrer Konsenskultur **(→ Gleichheit und Konsens)** als Vorläufer des berühmten niederländischen **(→) „Poldermodells"**, das dem Land in den 90er Jahren des 20. Jahrhunderts ein beispielloses Jobwunder bescherte.

Und immer wieder kommt bei Mak (2005, S. 155), der selbst einer strengcalvinistischen Pastorenfamilie entstammt, im Zusammenhang mit dem Kampf gegen das Wasser auch die **(→) Religion** zur Sprache. „Die tiefgelegenen Teile der Niederlande, die Polder, die Ebenen hinter den Deichen [...] – sie sind keine Offenbarung einer göttlichen Natur, sondern von Anfang bis Ende Menschenwerk, und den Bewohnern war das seit jeher deutlich bewusst. Die Kirchen sind dort meistens groß und massiv, aber in den Himmel ragen sie nicht. Dies war – und ist teilweise bis heute – das Land der schwarzgekleideten strenggläubigen Kalvinisten, der tief verwurzelten orthodoxen Tradition, die auch die niederländische Politik mitgeprägt hat; das Land, in dem man unnachgiebig gegen das Wasser und andere Naturgewalten kämpfte, aber zugleich tiefe Ehrfurcht vor der Größe Gottes empfand."

Angesichts der zahlreichen Sturmfluten, die Tausende von Menschenleben gekostet haben, und der Tatsache, dass etwa ein Viertel der Niederlande unterhalb des Meeresspiegels liegt, ist diese Ehrfurcht durchaus verständlich. In den betreffenden Landstrichen ist man gezwungen, Tag und Nacht Wasser zu schöpfen und hinter die – hoffentlich hochwassersicheren – Deiche zu pumpen. Tut man dies nicht, drückt das Grundwasser nach oben. Ebenso kann der Regen nicht abfließen, so dass das Land innerhalb weniger Tage wieder unter Wasser stünde, würde man es nicht ableiten.

19 Lesenswert ist in diesem Zusammenhang auch Frank Westerman: *Das Getreideparadies* (2009). In diesem Buch dreht sich, anhand der Geschichte einer Region im äußersten Nordosten der Niederlande, nicht weit von Ostfriesland entfernt, ebenfalls alles um das Thema Wasser.

Wetter

Lange bevor die ARD Jörg Kachelmann entdeckt hatte, gab es im niederländischen Fernsehen bereits Erwin Kroll, der dort mittlerweile seit 25 Jahren mit viel Witz und großer Geste das Wetter moderiert. Und „Moderation“ hat das Wetter in den Niederlanden auch bitter nötig, denn angesichts der Standardvorhersage „*Morgen is er kans op zon met af en toe wat buien*“ (Es besteht morgen die Aussicht auf Sonnenschein mit gelegentlichen Regenschauern) können Humor und ausladende Handbewegungen ganz sicher nicht schaden.

Eigentlich sollte man, wenn man ehrlich ist, über das niederländische Wetter den Mantel des Schweigens breiten, doch wie bei so vielen Völkern, die wenig von einem bestimmten Gut haben, ist das Wetter für die Niederländer ein wichtiges Thema – wenn nicht das wichtigste überhaupt. Von daher darf es in keiner seriösen Abhandlung über die Niederlande fehlen.

Was das Wetter betrifft, so kann man nur größte Bewunderung für die Nehmerqualitäten unserer Nachbarn empfinden. Ob Regen, Hagel, Schnee oder Wind: für einen echten *Hollandse jongen* oder ein entsprechendes *meisje* ist dies noch lange kein Grund, das Boot im Schuppen stehen zu lassen und nicht mit dem *fiets*, dem Fahrrad, zur Arbeit oder sogar zu einem Geschäftstermin zu fahren (→ **Fietsen**). Und so wie die Eskimos hundert Worte für Schnee haben, verfügt auch das Niederländische über eine eigene sprachliche Klaviatur für das (meist schlechte) Wetter. Wer sich also mit einem Niederländer halbwegs fachmännisch über die meteorologische Großwetterlage unterhalten möchte, sollte sich vorher eingehender mit den Grundbegriffen der niederländischen Wetterterminologie vertraut machen, um mitreden zu können, wenn das Gespräch etwa auf das *slordige weer*, das „ungepflegte“ Wetter, kommt, das gerade einmal wieder draußen herrscht, oder wenn es um *een waterig zonnetje*, (etwa: ein wässriges Sönnchen) geht, das da am niederländischen Firmament steht. Um Missverständnisse zu vermeiden, sind zudem die folgenden drei Regeln zu beherzigen:

Erstens: Für einen echten Niederländer gibt es kein schlechtes Wetter. Selbst wenn es draußen so ist, dass man keinen Hund vor die Tür jagen würde, herrscht *lekker weer*. Ausdrücke wie *klereweer* (von *kolere* = Cholera) oder *kloteweer* (von *kloot* = Hoden) benutzt er, wenn überhaupt, erst dann, wenn ihn ein Windstoß vom Fahrrad fegt oder ihm der Hagel die Brillengläser aus der Fassung schlägt.

Zweitens: *Het is mooi* oder *prachtig weer* (Es ist schönes/herrliches Wetter) oder *Wat een weertje, zeg!* (Mensch, was für ein Wetterchen) sagt man, wenn es trocken ist und ab und zu die Sonne herauskommt.

Drittens: Scheint die Sonne einmal den ganzen Tag, sagt man wahlweise: *Het is snikheet*, es ist knallheiß, oder: *Ik krijg het benauwd*, ich ersticke.

Am deprimierendsten, selbst für hartgesottene Eingeborene, ist das niederländische Wetter im November. Denn in diesem Monat kann es passieren, dass es eine ganze Woche lang kein *mooi* oder auch nur *lekker weer* gibt, sondern es rund um die Uhr schüttet, so dass selbst ein Erwin Kroll am Ende des Tages mit hängenden Schultern dasteht. Der niederländische Dichter J.C. Bloem hat diesem Monat deshalb auch ein berühmtes Gedicht gewidmet, das übersetzt etwa folgendermaßen lautet:

Es regnet und es ist November:
Der Herbst kehrt wieder und bedrängt
Das Herz, das trüb, doch stets behender,
Heimlich seinem Schmerz nachhängt.

Und im Zimmer, wo gelassen
Das Tagwerk wird verricht',
Scheint trostlos aus den Gassen
Ein fahles Spätnachmittagslicht.

Die Jahre gehen wie sie gingen,
Es gibt längst keinen Unterschied
Mehr zwischen den Erinnerungen
Und was gelebt wird und geschieht.

Verloren sind die ersten zarten Wege,
Um zu entflieh'n der eigenen Zeit;
Immer November, immer Regen,
Trübsinn, Leere, Herzensleid.

Widerstand

(→ Besatzung und Widerstand)

WIC

(→ VOC und WIC)

Windmühlen, Deiche und Polder

Denkt man an die Niederlande, sieht man unweigerlich Windmühlenflügel vor seinem geistigen Auge rotieren. Mit der Wirklichkeit hat dies aber wenig zu tun. Denn zum einen muss man schon etwas suchen, wenn man in den Niederlanden noch eine funktionierende Windmühle besichtigen möchte, zum anderen ist die Windmühle vom Ursprung her genauso wenig niederländisch wie die Tulpe **(→ Tulpen)** oder das Königshaus **(→ Oranje boven / Holland, Niederlande, Königreich der Niederlande)** – zwei weitere Symbole für *die* Niederlande.

Die Windmühle ist vor dem 11. Jahrhundert in Nordfrankreich oder England entstanden und tauchte erst Ende des 12. Jahrhunderts in den Niederlanden auf – wo sie sich dann allerdings rasch zur sogenannten „Holländerwindmühle" weiterentwickelte, deren Besonderheit eine drehbare Kappe ist, mit der sich die Windmühlenflügel in den Wind drehen lassen.

Windmühlen verbinden wir vor allem mit dem Mahlen von Getreide. Eine zweite wichtige Funktion war jedoch, vor der Erfindung der Dampfmaschine, ihr Einsatz als Wasserschöpfwerk (auf Niederländisch *gemaal*) bei der Trockenlegung beziehungsweise beim Trockenhalten neu gewonnenen Landes, sogenannter „Polder". Die Niederlande sind berühmt für ihre Polderwirtschaft; große Landflächen sind so neu entstanden oder urbar gemacht worden – und zwar nicht nur in den Niederlanden, sondern auch bei uns in Deutschland, wo niederländische Kolonisten bereits im 12. Jahrhundert die Sümpfe Brandenburgs trockenlegten und unseren Vorfahren zeigten, wie man Deiche baut **(→ Niederländische Spuren in Deutschland)**. Polder gibt es also nicht nur an der Küste: Beim Oderbruch an der Grenze zwischen Brandenburg und Polen etwa handelt es sich ebenfalls um einen Polder.

Ein Polder, den man in Norddeutschland auch als „Koog" bezeichnet, ist eine künstliche Eindeichung, die entweder als Überflutungsgebiet oder zur Neulandgewinung angelegt wird. Die Arbeiten beginnen damit, dass zunächst einige Ringdeiche um das trockenzulegende Land gezogen werden. Anschließend hebt man in den noch feuchten Überflutungsgebieten parallel zueinander verlaufende Entwässerungsgräben zum Ablauf des Grund- und Flutungswassers aus. Ein System von Hauptkanälen schließlich dient dazu, den Polder mit Hilfe von Schöpfwerken trocken zu pumpen. Später wird zur besseren Abfuhr des Wassers ein Netz von Drainagerohren verlegt, und es werden – oft schnurgerade – Straßen und Wege angelegt. Auch nach der Trockenlegung müssen, da sich das Poldergebiet unterhalb des Meeresspiegels befindet, Regen- und Grundwasser permanent abgepumpt werden. Geschieht dies nicht, liefe ein Polder innerhalb kürzester Zeit wieder mit Wasser voll.

Die Schaffung und der Unterhalt eines Polders setzt die Zusammenarbeit aller Kräfte in der Region voraus. Die Maßnahmen müssen sorgfältig geplant und die langwierigen Arbeiten aufeinander abgestimmt werden. Siedler müssen bereit und in der Lage sein, den Polder zu kultivieren und ihn weiterzuentwickeln – und alle miteinander müssen dafür sorgen, dass die Schöpfwerke nicht aufhören, Wasser hinter die Deiche zu pumpen, und die Deiche selbst in tadellosem Zustand bleiben. Hierfür sorgen die sogenannten *waterschappen*, regionale Deichgenossenschaften, denen alle Grundbesitzer, Pächter und Gebäudeeigentümer in der Gegend angehören.

Für Niederländer sind Polder und Deiche das, was die Berge für den Alpenbewohner sind: der Normalzustand. Und das ist auch verständlich, da immerhin ein Viertel der Landfläche der Niederlande unterhalb des Meeresspiegels liegt und entsprechend viele Niederländer in einem Poldergebiet leben und/oder einen Deich vor der Haustür haben. Mit dem nordöstlich von Amsterdam gelegenen Flevoland, auch „die 12. Provinz der Niederlande" genannt, gibt es sogar eine ganze Provinz, die ausschließlich aus Polderland besteht: dem Noordoostpolder, dem östlichen Flevoland und dem südlichen Flevoland. Das östliche und das südliche Flevoland ist von übriggebliebenen Teilen der alten Zuiderzee, dem heutigen Ijsselmeer, umgeben. Sie bilden heute langgestreckte Binnenseen, die, oft mit wenigen Metern Breite, wie Kanäle wirken.

So viele „Wasserbauwerke" die Niederländer haben, so viele unterschiedliche Bezeichnungen haben sie auch für die diversen Arten von Deichen, Kanälen, Straßen und Wegen mit ihren ebenso vielfältigen Funktionen. Wer sich einmal näher mit dem Thema beschäftigen und sich nebenher noch gut unterhalten lassen möchte, dem sei das Buch *Das Getreideparadies* des niederländischen Journalisten Frank Westerman empfohlen. Darin geht es um die Entstehung, den Aufstieg und den Niedergang des Oldambts, eines Poldergebiets am Dollart, in der Nähe der deutschen Grenze zu Ostfriesland. Und wer dann Lust hat, noch tiefer in die Sache einzusteigen – und ausreichend Niederländisch beherrscht –, sollte zu dem Buch von Cordula Rooijendijk, *Waterwolven*, greifen, das sich eingehend mit der Geschichte der Sturmfluten, Deichbauer und des Polderwesens in den Niederlanden beschäftigt. Anschließend weiß man nicht nur alles über den niederländischen Wasserbau, sondern versteht auch ein wenig besser, weshalb das Thema **(→) „Wasser“** so tief im Denken und Fühlen der Niederländer verwurzelt ist.

Windmühle in Edam

Zeitenwende?

Blickt man in diesen Tagen in Richtung Niederlande, glaubt man seinen Augen nicht zu trauen: Das kleine Königreich, das uns Deutschen lange als liberal, weltoffen und tolerant galt, scheint sich derzeit in einem Wandlungsprozess zu befinden, an dessen Ende, so befürchten viele, ein gegen den Rest der Welt abgeschottetes Land stehen könnte, das sich selbst genug ist und in dem man allem Nicht-Niederländischen misstrauisch gegenübersteht.

Dass es in den Niederlanden massiv gärte, zeigte sich bereits Anfang des Jahrtausends an dem rasanten Aufstieg des Rechtspopulisten Pim Fortuyn und seiner „Das Boot ist voll"-Politik, die sich gegen die Ausländer im Lande richtete **(→ Umbrüche)**. Bei den Wahlen 2002, die nur wenige Tage nach der Ermordung Fortuyns stattfanden, wurde seine LPF (die Abkürzung steht für *Lijst Pim Fortuyn*) zur zweitstärksten Partei im niederländischen Parlament.

Nach dem Tode Fortuyns zerfiel die LPF rasch, doch das gesunde niederländische Volksempfinden, das die Partei groß gemacht hatte, fand rasch eine neue Heimat in der 2005 gegründeten *Partij voor de Vrijheid* (PVV) des Rechtspopulisten Geert Wilders. Der gebürtig aus dem grenznahen Venlo stammende Wilders, dessen Markenzeichen sein blondiertes Haar ist, wurde nicht müde zu verkünden, dass er Politik für *Henk en Ingrid* machen wolle, also für den Durchschnittsniederländer beziehungsweise die Durchschnittsniederländerin. Und was wollen Henk und Ingrid laut Geert Wilders? Ganz einfach: dass endlich wieder Recht und Ordnung herrscht, der (angeblichen) „Islamisierung der niederländischen Gesellschaft" der Kampf angesagt wird, die Macht der EU zurückgedrängt wird, die Niederlande endlich wieder den Niederländern gehören soll und der niederländischsprachige Teil Belgiens, Flandern, den Niederlanden angeschlossen wird. Uns werden solche Forderungen aus unserer eigenen jüngeren Geschichte vertraut vorkommen – und diese Geschichte hat bekanntlich auch schon nicht gut geendet.

Bei den Wahlen im Jahre 2010 kam es zu einem Machtwechsel im niederländischen Parlament. Siegerin wurde die rechtsliberale VVD, die anschließend mit den bis dahin regierenden Christdemokraten von der CDA eine Koalition bildete. Da beide Parteien zusammen jedoch über keine Mehrheit verfügten, schlossen sie einen Pakt mit der Wilderschen Freiheits-Partei, die als drittstärkste Kraft ins Parlament eingezogen war, und ließ sich von ihr *gedogen*, das heißt dulden **(→ gedoogbeleid)**. VVD und CDA durften nun zwar regieren, waren jedoch bei jeder Entscheidung auf die freundliche Zustimmung der ausländerfeindlichen Rechten von der Freiheitspartei angewiesen.

Der Preis dafür ist hoch: Die Regierung ist gezwungen, den Forderungen Wilders, soweit dies ohne Gesichtsverlust möglich ist, entgegenzukommen. Zugleich ist Wilders, da er nicht dem Kabinett angehört, auch nicht an die Kabinettsdisziplin gebunden. So konnte er etwa während zweier Auftritte in Berlin darüber schwadronieren, dass unsere Kanzlerin Angela Merkel die „Islamisierung Deutschlands" akzeptiere, man in den Niederlanden bald ein Burkaverbot einführen werde und en passant noch gegen den „paneuropäischen Superstaat", die EU, wettern. Den Regierungspolitikern in Den Haag blieb nichts anderes übrig, als vor Scham in den Boden zu versinken und zu versuchen, die politischen Scherben wieder einzusammeln.

Die Richtung, in die die niederländische Politik unter der Duldung des Islam- und EU-Gegners Wilders (der uns Deutsche übrigens auch nicht mag) marschieren wird, zeichnet sich nun seit einigen Monaten etwas deutlicher ab. So staunte man hierzulande nicht schlecht, als sich die Niederlande kurz vor dem Jahreswechsel 2011/2012 daranmachten, an ihren Grenzen Kameras zu installieren, um damit systematisch den grenzüberschreitenden Autoverkehr zu kontrollieren. Auf deutscher Seite wurde darin eine grobe Verletzung des Schengener Abkommens gesehen, das bekanntlich die Abschaffung von innergemeinschaftlichen Grenzkontrollen regelt.

Die Kameras an den niederländischen Grenzen sind Teil eines automatischen Überwachungssystems, das alle passierenden Fahrzeuge automatisch erfasst und die Bilder mit verschiedenen Datenbanken etwa zu Menschenhandel oder anderen Fällen von Schwerkriminalität abgleicht. Wenn dann so ein Menschenhändlerring über die Grenze fährt, kann die *Koninklijke Marechaussee* sofort eingreifen und die Burschen dingfest machen. Und natürlich kann man sich mit so einem System – natürlich nur rein theoretisch – auch die Verkehrssünder herauspicken, die ihr Knöllchen nicht bezahlt haben.

Ach ja, die Knöllchenpreise haben sich in den Niederlanden zum Jahresbeginn 2012 übrigens auch erhöht. War es schon immer etwas teurer, auf den Straßen unserer Nachbarn zu schnell zu fahren oder falsch zu parken, fallen die Strafen seit dem 1. Januar 2012 nun drakonisch aus. Wird man etwa dabei erwischt, mit dem Handy am Ohr zu fahren oder über eine rote Ampel zu rauschen, kostet der Spaß jetzt 220 Euro (vorher 180), beim Fahren ohne Gurt ist man mit 120 Euro dabei (vorher 100). Noch teurer ist es, durch Hupen oder rasantes Beschleunigen unnötigen Lärm zu verursachen, Fußgängern beim Überqueren von Zebrastreifen die Vorfahrt zu nehmen oder ohne entsprechenden Ausweis auf einem Behindertenparkplatz zu parken. Hier gilt der Einheitssatz von 340 Euro (statt vorher 180).

Henk und Ingrid könnten also eigentlich zufrieden sein, denn nun wird bald wieder Recht und Ordnung auf niederländischen Straßen herrschen. Aber führen die Maßnahmen auch zu mehr Sicherheit im Straßenverkehr? Experten haben ihre Zweifel: Der einzige Effekt, den sie in der Verschärfung des Bußgeldkatalogs sehen, ist eine deutliche Verbesserung der Staatseinnahmen. Die Bußen erscheinen auch im Vergleich zu den Geldstrafen, mit denen in den Niederlanden leichtere Delikte geahndet werden, etwas unverhältnismäßig. So kostet der Konsum harter Drogen 180 Euro, das Herbeiführen einer Brandgefahr 200 Euro und ein Ladendiebstahl 290 Euro – fast schon Schnäppchenpreise, vergleicht man sie mit der Gebühr fürs Falschparken.

Auch mit der Kultur scheinen Henk und Ingrid ihre Probleme zu haben. So wurde der niederländische Kulturetat in den letzten Jahren rigoros zusammengestrichen, die Mehrwertsteuer auf Theater- und Konzertkarten von 6 auf 19 Prozent an- und die Förderung von Literaturzeitschriften aufgehoben. Besonders hart trifft die neue Kulturpolitik diejenigen Institutionen, die sich um die Vermittlung der niederländischen Kultur im Ausland verdient machen, also etwa den niederländischen Literaturfonds (**→ Niederländische Literatur**), der unter der neuen Regierung drastische Mittelkürzungen hinnehmen musste. So wird es in Zukunft also noch schwieriger werden, eine Förderung für die Übersetzung niederländischer Literatur im Ausland zu bekommen.

Das Geld steht auch im Mittelpunkt einer merkwürdigen Debatte, die seit dem Herbst 2011 geführt wird und in der es um deutsche Studenten in den Niederlanden geht. Die Zahl deutscher Jugendlichen, die an niederländischen Hochschulen ein Studium absolvieren, hat in den vergangenen Jahren beständig zugenommen und liegt derzeit bei etwa 25.000 – viel zu viele, wie die niederländische Regierung fand, und was das alles koste! Deshalb versuchte sie zunächst, von der deutschen Regierung eine finanzielle Kompensation für die Mehrkosten zu erhalten, die die Deutschen dem niederländischen Bildungssystem verursachten. Nachdem dies nicht gelungen ist, plant sie jetzt eine drastische Erhöhung der Studiengebühren – die allerdings auch die niederländischen Studenten treffen wird.

Auch mit einer anderen Maßnahme soll dafür gesorgt werden, die lästigen Deutschen außerhalb der Landesgrenzen zu halten. Ab dem 1. Mai 2012, so die Pläne der niederländischen Regierung, soll der Besuch von Coffeeshops – und damit der Kauf von Haschisch (*hasj*) und Marihuana (*wiet*) – nur noch mit einem sogenannten *wietpas* möglich sein, einem Mitgliedsausweis für einen speziellen Coffeeshop. Der Clou: Nur Niederländer können Mitglied werden; außerdem soll die Zahl der Mitglieder pro Coffeeshop auf 2.000 begrenzt werden. Ein schöner Nebeneffekt dieser Regelung ist es, dass man mit den Mitgliederlisten der Coffeeshops zugleich ein Verzeichnis der Konsumenten weicher Drogen in den Niederlanden in die Hand bekommt. Kritiker schütteln den Kopf: Mit dieser Maßnahme werde der Handel wieder auf die Straße, das heißt in die Illegalität gedrängt, und der gelungene Ansatz der Trennung harter von weichen Drogen über das *gedogen* (Dulden) des Verkaufs weicher Drogen in den Coffeeshops zunichte gemacht. Aber die Vernunft ist momentan nicht an der Regierung.

Geert Wilders kann also hochzufrieden sein mit dem, was er während seiner kurzen (heimlichen) Regierungszeit bereits bewirkt hat. Doch was ist mit seinem Kampf gegen Burka und Kopftuch? Denn immerhin hatte er dem niederländischen Volk eine sogenannte *kopvoddentaks*, also wortwörtlich eine „Kopflumpensteuer“ auf das Tragen von Kopftüchern versprochen. Dazu ist es bis heute nicht gekommen. Allerdings wurde Königin Beatrix schon einmal von der Wilders-Truppe dafür gerügt, dass sie anlässlich eines Staatsbesuchs in Oman Anfang 2012 ein Kopftuch getragen habe, „ein Symbol für die Unterdrückung der Frau“. Beatrix selbst bezeichnete das als „Unsinn“, und auch Henk und Ingrid waren *not amused* über den Angriff gegen ihre Königin: Nach aktuellen Umfragen dürfte diese Aktion der PVV bei der nächsten Wahl so einiges an Wählerstimmen kosten.

Viele Niederländer schämen sich dafür, dass Geert Wilders und seine Partij voor de Vrijheid einen solchen Einfluss auf die Politik ihres Landes und das Bild der Niederlande im Ausland gewonnen haben. Und sie schämen sich ebenfalls für ihre Regierung, die sich auf die Duldung durch den blonden Rattenfänger aus Venlo eingelassen hat. Unter diesen Niederländern sind übrigens auch eine ganze Reihe „Henks“ und „Ingrids“, die sich schon vor einiger Zeit in einer Anzeigenkampagne entschieden von der Politik der PVV distanziert haben. Dennoch: Sieht man sich die Meldungen an, die uns derzeit über unsere westlichen Nachbarn erreichen, gewinnt man den Eindruck, dass die Niederlande dabei sind, sich mehr und mehr hinter ihre Deiche zurückzuziehen.

P.S.: Der obenstehende Text war noch nicht trocken, als die Meldung hereinkam, dass die niederländische Regierung am 27. Januar 2012 einen Gesetzentwurf verabschiedet habe, wonach in Zukunft das Tragen einer Burka auf offenen Plätzen, in

Schulen und öffentlichen Verkehrsmitteln verboten sein wird. Zuwiderhandlungen sollen mit 390 Euro Strafe geahndet werden. Die christdemokratische Innenministerin Liesbeth Spies sprach von einer angemessenen Maßnahme „von höchster Wichtigkeit“. Das hört sich fast an, als ob der Untergang des Polderreichs droht, wenn man nicht energisch gegen Burka-Trägerinnen einschreitet. Dabei handelt es sich um eine vergleichsweise kleine Zahl von nur etwa 300 Frauen, die regelmäßig das Gesicht verhüllende Kleidung in der Öffentlichkeit tragen – und demnächst vermutlich die eigenen vier Wände gar nicht mehr verlassen dürfen. Immerhin war Geert Wilders mit dem Beschluss seines *gedoogcabinet* hochzufrieden und sprach von einer „phantastischen Neuigkeit“.

Zusammenarbeit

Nobody is perfect! Es sind vergleichsweise kleine Dinge, in denen wir uns von den Niederländern unterscheiden und an die wir uns relativ leicht anpassen können. Hier zum Schluss sieben goldene Regeln, die Ihnen in der Projekt- oder sonstigen Zusammenarbeit mit niederländischen Partnern von Nutzen sein können.

Regel 1: Bleiben (oder werden) Sie locker!

Richten Sie Ihr Augenmerk nicht ausschließlich auf die Ziele des Projekts oder der Geschäftsverhandlungen, sondern versuchen Sie von Anfang an, eine ungezwungene zwischenmenschliche Ebene zu den niederländischen Partnern herzustellen, auf der man sich auch einmal über private Dinge unterhalten kann **(→ Geschäftsverhandlungen)**. Sie werden sehen, dass der niederländische Projekt- oder Verhandlungspartner es Ihnen mit freundschaftlicher Offenheit dankt. Vielleicht erhalten Sie sogar das Kompliment, gar kein „typischer Deutscher“ **(→ Moffen)** zu sein.

Regel 2: Verabschieden Sie sich von der Idee, Ihre Vorstellung einer gelungenen Projektdurchführung sei die einzig richtige!

Deutsche und Niederländer haben ihre jeweils eigene Art, mit Zielvorgaben und Problemen umzugehen. Seien Sie offen für die Vorgehensweise Ihres niederländischen Partners – vielleicht können Sie ja sogar noch etwas von ihm lernen. **(→ Gleichheit und Konsens)**

Regel 3: Sorgen Sie – in Ihrem eigenen Interesse – dafür, dass Sie verstanden werden und selbst auch verstehen, worüber man redet!

Zwar wird man mit Niederländern keine schweren Kommunikationspannen erleben, doch zwischen unseren beiden Sprachen und Kulturen lauern durchaus Fallstricke **(→ Falsche Freunde)**. So neigt man im Deutschen gern dazu, Fachjargon zu verwenden und sich besonders gewählt auszudrücken. Das ist natürlich für jemanden, der schon die Umgangssprache nicht hundertprozentig versteht, sondern sich mit seinen Bordmitteln, dem *Steenkolenduits* **(→ Steinkohlendeutsch)** behelfen muss, ein Problem. Reden Sie also, wie Ihnen der Schnabel gewachsen ist, und vermeiden Sie Fachausdrücke, wo sie nicht unbedingt notwendig sind.

Unsere Nachbarn hingegen lieben es, alles abzukürzen, was sich irgendwie abkürzen lässt **(→ Eurospeak und Abkürzungen)**. Das macht es nicht immer leicht, ihnen zu folgen. Fragen Sie deshalb konsequent nach, wenn Sie etwas nicht verstehen – und Sie werden die Erfahrung machen, dass so manche Abkürzung selbst den anwesenden Muttersprachlern unbekannt ist.

Regel 4: Halten Sie den Ball so flach wie möglich!

Niederländer haben wenig Respekt vor Hierarchien **(→ Arbeits- und Betriebskultur)**, umso mehr aber vor Kompetenz – und insbesondere sozialer Kompetenz. Verzichten Sie also bei der Verteilung der Arbeitsaufgaben darauf, eine Hierarchie zu etablieren – es würde Ihnen ohnehin wenig nützen – und arbeiten Sie stattdessen an der Teambildung. Das bedeutet auch, dass Sie alle Beteiligten gleich behandeln, egal, ob er oder sie die Projektleitung innehat oder „nur" für den Kaffee und die Kopien sorgt.

Regel 5: Sorgen Sie für größtmögliche Flexibilität in der Umsetzung der Projektziele oder der Verhandlungsergebnisse!

Beharren Sie nicht auf das Festhalten an den Planungen, nur weil man viel Zeit auf deren Entwicklung verwendet hat, sondern seien Sie offen für alternative Vorschläge. Deutsch-niederländische Projekte nehmen *in aller Regel* einen zähen Verlauf. Entspannen Sie sich also, wenn es einmal Probleme in der Zusammenarbeit gibt. Das ist völlig normal und erfordert Flexibilität und **(→) Improvisation**stalent.

Regel 6: Halten Sie regelmäßigen Kontakt zu Ihren niederländischen Partnern!

Die niederländische Kultur ist mehr auf Kommunikation gerichtet als die unsrige. Man sitzt zusammen, trinkt Kaffee – und beschließt nebenbei, wie es im Projekt weitergeht. Dumm nur, wenn man dann nicht dabei ist. Verlassen Sie sich also nicht allzu sehr darauf, dass auf irgendwelchen Sitzungen **(→ Overleg)** irgendwelche Entscheidungen getroffen worden sind, sondern bleiben Sie mit dem niederländischen Partner im Gespräch. Rufen Sie ihn zum Beispiel einfach einmal an, um zu fragen, wie die Ferien waren, ob ihm das Sinterklaas-Gedicht gelungen ist oder wie er seinen „Koninginnedag" verbracht hat **(→ Feiertage)**. Erkundigen Sie sich dabei dann en passant auch nach dem Stand des Projekts – Sie werden überrascht sein, was sich bei ihm schon wieder alles getan hat.

Tipp 7: Setzen Sie Ihre eventuellen Niederländischkenntnisse offensiv ein, auch wenn diese nicht perfekt sind!

Niederländer, die schon etwas älter sind, haben in der Schule in aller Regel Deutsch als Pflichtfach gehabt und sprechen die deutsche Sprache ganz passabel. Doch seit der Umwandlung in ein Wahlfach ist Deutsch als Fremdsprache deutlich auf dem Rückzug. Im Grenzgebiet kann man es beispielsweise immer häufiger erleben, dass Begegnungen zwischen deutschen und niederländischen Schülern auf Englisch stattfinden – oder aber auf Niederländisch, da viele deutsche Schüler in den grenznahen Regionen Niederländisch-Unterricht bekommen. Doch egal, ob Ihr Projektpartner Ihre Sprache spricht oder nicht: Er wird sich immer freuen, wenn Sie ihm in seiner Muttersprache entgegenkommen. Fürchten Sie sich auch nicht allzu sehr vor **(→) „falschen Freunden“**, denn aus dem Kontext wird fast immer deutlich, was Sie meinen.

Wenn Sie diese sieben Regeln beherzigen, kann eigentlich nichts mehr schiefgehen in der deutsch-niederländischen Zusammenarbeit. Mehr noch, unsere Kulturen sind sich nicht nur sehr ähnlich – sie ergänzen sich auch in hervorragender Weise. Nutzen Sie also die Chance, wenn sie sich Ihnen bietet.

Verzeichnis der benutzten Literatur

Abrahamse, Jaap Evert: *De grote uitleg van Amsterdam. Amsterdamse stadsontwikkeling in de zeventiende eeuw.* Bussum: Thoth, 2010.

Arntz, Katrin: *Medien in den Niederlanden – vielfältige Wege durch einen undurchsichtigen Dschungel.* In: Thomas u. Schlizio 2009.

Birschel, Annette: *Mordsgouda. Als Deutsche unter Holländern.* Berlin: Ullstein, 2011.

Boyle, Thomas Coraghessan: *Wassermusik*. Hamburg: Rogner & Bernhard, 1987.

Carmiggelt, S[imon]: *Alle kroegverhalen*. Amsterdam, Antwerpen: Uitgeverijen Singel 262, 1996 (4. Aufl.).

Ditzhuyzen, Reinildis van: *Der Ditz. Alles was man über Niederländer wissen sollte.* Münster: Aschendorff, 2011.

Elpers, Sophie: *Frau Antje bringt Holland.* Münster: Waxmann, 2005.

Elsschot, Willem: *Käse*. Zürich: Unionsverlag, 2004 (als Taschenbuch: Zürich: Unionsverlag, 2005).

Elsschot, Willem: *Tsiis*. Oerset troch Frank Dijkstra. Amsterdam: Athenaeum – Polak & Van Gennep, 2007.

[Frank, Anne:] *Die Tagebücher der Anne Frank.* Vollständige Kritische Ausgabe. Einführung v. H. Paape, G. van der Stroom u. D. Barnouw. Aus dem Niederländischen von Mirjam Pressler. Fischer: Frankfurt a. M., 1988.

Gelder, Roelof van: *Das ostindische Abenteuer. Deutsche in Diensten der Vereinigten Ostindischen Kompanie der Niederlande (VOC), 1600–1800.* Herausgegeben von Albrecht Sauer und Erik Hoops. Hamburg: Convent 2004.

Giesen, Peter: Door Mladic is Nederland veranderd. In: *de Volkskrant*, 27. Mai 2011.

Gilissen, Elfi H.M.: *Niederländisch Slang – das andere Niederländisch*. Bielefeld: Reise Know-how Verlag Peter Rump, 2006.

Haasnoot, Robert: *Wahnsee*. Berlin: bvt, 2005.

Heijden, A.F.Th. van der: *Anwalt der Hähne*. Frankfurt: Suhrkamp, 1995.

Hermans, Willem Frederik: *Die Dunkelkammer des Damokles*. Leipzig: Gustav Kiepenheuer, 2001.

Hetzel, Helmut: Was ist typisch niederländisch? Universität Eindhoven bringt Holland-Bild ins Wanken. In: *Welt online*, 16. Sept. 1998 (www.welt.de/print-welt/article630687/Was_ist_typisch_niederlaendisch.html).

Hulsman, Bernard: Een schone maagd met stinkende adem. Jaap Evert Abrahamse over het pragmatisme van de grachtengordel van Amsterdam. In: *NRC Handelsblad*, 8. April 2011.

Irlenkäuser, Olaf: *Amsterdam. Ein literarischer Kneipenführer*. Hamburg: Rotbuch, 2001.

Israëls, Han: *De bekentenissen van Ina Post*. Reihe "Dwaalsporen". Alphen a.d. Rijn: Kluwer, 2004.

Israëls, Han: De herziening. Hoe de Hoge Raad zich niet aan de wet houdt. In: *Fiat Justitia*, Juli 2010, S. 36-39.

Kalmann, Menno: *Böhnchen – Freud und Leid mit einem Fohlen*. Warendorf: FN-verlag, 2011.

Kohl, Johann Georg: *Reisen durch das weite Land. Nordwestdeutsche Skizzen 1864*. Herausgegeben von Geert Demarest. Stuttgart, Wien: Edition Erdmann in K. Thienemanns Verlag, 1990.

Koppen, P[eter] J. van: *De Schiedammer parkmoord: Een rechtspsychologische reconstructie*. Nijmegen: Ars Aequi Libri, 2003.

Kröll, Ulrich: *Das Geschichtsbuch des Münsterlandes*. Münster: agenda, 2011 (2. Aufl.).

Lademacher, Horst: *Geschichte der Niederlande. Politik – Verfassung – Wirtschaft*. Darmstadt: Wissenschaftliche Buchgesellschaft, 1983.

Lademacher, Horst: *Die Niederlande. Politische Kultur zwischen Individualität und Anpassung*. Berlin: Propyläen, 1993.

Linthout, Dik: Von Gepäckträgerspannbändern und schuifpuien. Bemerkungen zum Verhältnis der deutschen und niederländischen Sprache. In: *Sprache & Kultur* (2008).

Linthout, Dik: *Onbekende buren. Duitsland voor Nederlanders. Nederland voor Duitsers*. Amsterdam, Antwerpen: Atlas, 2009 (9. Aufl.).

Linthout, Dik: *Frau Antje und Herr Mustermann. Niederlande für Deutsche*. Berlin: Ch. Links, 2010 (6. Aufl.).

Mak, Geert: *Amsterdam. Biographie einer Stadt*. München: Siedler, 1997 (als Taschenbuch: München: BTB, 2006).

Mak, Geert: *Das Jahrhundert meines Vaters*. München: Siedler, 2003 (als Taschenbuch: München: BTB, 2005).

Mak, Geert: *Niederlande*. München: C.H. Beck, 2008.

Meijer, Rob: *Platzen Sie sich... Het komische Duits van Nederlanders, opgetekend uit het leven van alledag in een grensgebied*. Gronau, Enschede: Euregio, ohne Jahr (2007).

Missinne, Lut u. Busse, Gerd (Hrsg.): *Het Bureau. Ein Abend mit J.J. Voskuil*. Münster: Waxmann, 2011.

Mulisch, Harry: *Das Attentat*. Reinbek: Rowohlt, 2000.

Multatuli [Eduard Douwes Dekker]: *Max Havelaar oder die Kaffeeversteigerungen der Niederländischen Handelsgesellschaft*. Berlin: Ullstein, 1997.

Paridon, Kees van: Wiederaufbau – Krise – Erholung. Die niederländische Wirtschaft seit 1945. In: Friso Wielenga u. Ilona Taute (Hrsg.): *Länderbericht Niederlande. Geschichte – Wirtschaft – Gesellschaft*. Bonn: Bundeszentrale für politische Bildung, 2004.

Prick, Leo: *Drammen, dreigen, draaien. Hoe het onderwijs twintig jaar lang vernieuwd werd*. Amsterdam: Mets & Schilt, 2006.

Reve, Gerard J.M. van het: *Mijn rode jaren. Herinneringen van een ex-bolsjewiek*. Utrecht: Ambo, 1967.

Rooijendijk, Cordula: *Waterwolven. Een geschiedenis van stormvloeden, dijkenbouwers en droogmakers*. Amsterdam, Antwerpen: Atlas, 2009.

Roowaan, Ries: *Im Schatten der Großen Politik. Deutsch-niederländische Beziehungen zur Zeit der Weimarer Republik 1918-1933*. Münster: agenda, 2006.

Scheffer, Paul: Het multiculturele drama. In: *NRC Handelsblad*, 29. Jan. 2000.

Schlizio, Boris; Schürings, Ute u. Thomas, Alexander: *Beruflich in den Niederlanden. Trainingsprogramm für Manager, Fach- und Führungskräfte*. Göttingen: Vandenhoeck & Ruprecht, 2009.

Schürings, Ute: *Zwischen Pommes und Praline. Mentalitätsunterschiede, Verhandlungs- und Gesprächskulturen in den Niederlanden, Belgien, Luxemburg und Nordrhein-Westfalen*. Münster: agenda, 2003.

Siebelink, Jan: *Im Garten des Vaters*. Zürich, Hamburg: Arche, 2007.

Sprache & Kultur. Die Niederlande und die Niederländer! / Taal & Cultuur. Duitsland en de Duitsers. CD-ROM, entstanden im Rahmen des Interreg-Projekts „Bausteine für die euregionale Wirtschaft" (2005–2008) der Euregio Rhein-Waal in Kleve. 2008.

Thomas, Alexander u. Schlizio, Boris U. (Hrsg.): *Leben und arbeiten in den Niederlanden. Was Sie über Land und Leute wissen sollten*. Göttingen: Vandenhoeck & Ruprecht, 2009 (2. Aufl.).

Tromp, Onno-Sven: *Wat doe jij in mijn stad? Een literaire wandeling door het Amsterdam van J.J. Voskuil*. Amsterdam: Uitgeverij Bas Lubberhuizen, 2000.

Tussenbroek, Gabri van: *Grachten in Berlijn. Hollandse bouwers in de Gouden Eeuw*. Amsterdam, Antwerpen: L.J. Veen, 2006.

Voskuil, J.J.: *Het Bureau*. 7 Bde. Amsterdam: G.A. van Oorschot, 1996-2000.

Voskuil, J.J.: *Das Büro*. Bd. 1 („Direktor Beerta"). München: C.H. Beck, vorauss. im Sommer 2012.

Wagenaar, Willem Albert u. Crombag, Hans: *The Popular Policeman and Other Cases. Psychological Perspectives on Legal Evidence*. Amsterdam: Amsterdam University Press, 2005.

Wagenaar, W[illem] A[lbert], Israëls, H[an] u. Koppen, P[eter] J. van: *De slapende rechter. Waarom het veroordelen van burgers niet alleen aan de rechter kan worden overgelaten*. Amsterdam: Bert Bakker, 2009.

Westerman, Frank: *Das Getreideparadies*. Berlin: Ch. Links, 2009.

Wiedemann, Erich: Frau Antje in den Wechseljahren. In: *Der Spiegel*, 28. Febr. 1994.

Wielenga, Friso: *Die Niederlande. Politik und politische Kultur im 20. Jahrhundert*. Münster, New York, Berlin, München: Waxmann, 2008.

Wolff, Reinhard: *Lass mal sitzen. Het wonderlijke steenkolenduits van Hollanders*. Schiedam: Scriptum, 2010.

Wolff, Reinhard: *Es kommt wohl gut. Duitse Taalblünders*. Schiedam: Scriptum, 2011.

Abbildungsnachweis

S. 16 : Sebastian Krüger (www.sebastiankruger.com)
S. 29: Anja Schulz
S. 50: John Reid, Bastiaan Geleijnse u. Jean-Marc van Tol
(*NRC Handelsblad* vom 8. Jan. 2010)
S. 56: Nederlandse Zuivel Organisatie, Zoetermeer
S. 93: Madurodam, Den Haag
S. 108: Artist: Mat Rijnders; Source: *Eindhovens Dagblad*
S. 113: André van Dijk
S. 120: Museum Ons' Lieve Heer op Solder, Amsterdam
S. 123: Douwe Egberts, Joure/Utrecht
S. 140: J. Patrick Fischer
S. 141: Aleks Varnica
S. 156: Berndt A. Skott (http://berndtaskott.de)
S. 49, 68, 86, 149: privat

Autor und Verlag haben sich bemüht, die Rechteinhaber der im Buch veröffentlichten Abbildungen ausfindig zu machen. Dies ist nicht in allen Fällen gelungen. Sollte deshalb jemand der Ansicht sein, Rechte auf eine der Abbildungen zu besitzen, möge er sich mit dem Verlag in Verbindung setzen.